El Adventismo del Séptimo Día en la República Dominicana

Más de 100 años de historia

El Adventismo del Séptimo Día en la República Dominicana

Más de 100 años de historia

2da. edición
Corregida y ampliada

José Núñez Gil

Título del libro:
El Adventismo del Séptimo Día en la Republica Dominicana:
Más de 100 años de historia

1ra. edición: 2004
2da. edición: 2020

Autor:
José Núñez Gil

Diseño de portada y diagramación:
Efre Ng Designs

Fotografía de portada:
Kidle Creator.

ISBN: 9781087436432

Impreso y encuadernado
por Amazon Kindle Direct Publishing

Para pedidos y contactos:
Teléfono y WhatsApp (829)470-1742
pastorgil7@gmail.com

Dedicatoria:

A los hermanos de la Iglesia Adventista del Séptimo Día de Cabrera, Provincia María Trinidad Sánchez, quienes me guiaron en este camino.

Nov. 12, 2005
Kissimmee, EE.UU.

Pr. José Núñez Gil
Apdo. 1500, Santo Domingo,
República Dominicana.

Apreciado pastor:

Para mi es de mucho placer escribirte estas líneas aun sin conocerte, porque algo grande me ha impresionado a hacerlo…Me imagino que otros como yo, te han escrito por lo que han aprendido de tu libro.

Conseguí tu libro mientras asistía, junto a mi esposa y una de mis hijas, al congreso mundial de la Asociación General en St. Louis, Estado de Missouri en julio del 2005. Mientras pasábamos por las exhibiciones, tomando algunas revistas y saludando viejos amigos dominicanos, pasamos por donde estaban unas muchachas con varios libros sobre una mesa. Tomé uno y dije a mi esposa e hija: ¡Miren este libro! *"El Adventismo del Séptimo Día en la Republica Dominicana"* Mi hija me preguntó: ¿Conoce al pastor que escribió este libro? No, no lo conozco, ni por referencia.

No importa, este libro me lo llevo. Yo también quiero uno,-dijo mi hija-. Lo leí página por página…Me gusta tu libro porque es más amplio en la historia de la iglesia adventista en nuestro país, sus avances, sus luchas y triunfos...

Tu libro me ha hecho disfrutar de esos buenos tiempos que viví como pastor en dominicana. Ahí cabe la frase: "Recordar es vivir". Conocí a algunas personas que mencionas, como es el caso de los esposos Wellington y Leticia Williams de los cuales fui pastor en Samaná.

Ojalá, como decimos por allá, que muchos adventistas y amigos de la iglesia se interesen en leer tu libro…para conocer más a fondo nuestros orígenes maravillosos, progresos y victorias.

Cordialmente:

Pr. Danilo Rodríguez.

CONTENIDO

I. LOS ANTECEDENTES

1. Preparando el camino: Colonización e Independencia de R.D....... 19

2. Origen del adventismo y su llegada a las Islas del Caribe........... 25

3. Una carta abre la puerta: el adventismo llega a R.D.................... 31

II. ETAPA FORMATIVA

39

4. Primera congregación adventista ....

45

5. El adventismo llega al Este..

51

6. Extensión hacia la Región Norte o Cibao............................

57

7. La llegada de López Miranda y la conversión de Jaime Phipps.........

III. ETAPA DE CONSOLIDACIÓN

67

8. El regreso de Charles Moulton..

71

9. Edificación del primer templo adventista...........................

77

10. El primer pastor dominicano e inicio del adventismo en el Sur......

83

11. Organización del adventismo en Interamerica, el Caribe y la

Republica Dominicana...

91

IV. ETAPA DE EXPANSIÓN Y DESARROLLO   97

12. El adventismo en la Era de   103
Trujillo.....................................

13. El adventismo después de 1961 y sus reorganizaciones............   113

14. El inicio de la Unión Dominicana y otras
reorganizaciones.........

15. La Unión Dominicana y su aguerrido plan de crecimiento desde   123
1996..

129
V. EL NACIMIENTO DE LAS INSTITUCIONES
ADVENTISTAS   139

145
16. El CAD da origen a la UNAD......................................

17. La Voz de la Esperanza: Génesis de Radio
Amanecer...............   153

18. Centro Medico Vista del Jardín y Vida Sana........................   165

19. Otras Instituciones..   171

VI. LOS DESAFÍOS DEL ADVENTISMO EN R.D.   175

20. Los movimientos o grupos separatistas............................

21. Los desafíos del año 2000...

Conclusión...

Apéndice...

AGRADECIMIENTO

Gracias en primer lugar a mi Dios, por hacer realidad este sueño de tantos años. No me canso de decir que "El tiempo de Dios es perfecto". Agradezco a mi querida esposa Flor por su paciencia, amor y consejos durante todos estos años de investigación para que este libro que hoy tiene en sus manos fuera una realidad. También a mis hijas Jominer y Phamela por su gran ayuda en la compaginación del material.

Muchas gracias a los pastores Silvestre González Tabar, Roberto Herrera, Héctor Carela y Víctor Leger por sus sabias orientaciones en la recopilación del material. De igual modo a Diomaris Henríquez por facilitarme valiosos datos históricos de los archivos de la Asociación Central Dominicana de los adventistas del séptimo día.

Mi agradecimiento a la profesora María Regla Vargas de Mañón, Evelyn González de Leger, Omar Medina y Rafael Pérez por la revisión del manuscrito de la primera edición y sus sabias sugerencias para la segunda.

Quiero agradecer también al pastor Nahúm Moreta, mi inolvidable compañero de tesis en la Universidad Adventista Dominicana (UNAD), por su gran ayuda en la recopilación de valiosos datos para nuestro trabajo de grado, muchos de los cuales aparecen como base del capítulo 17.

Doctor Havey Miller: muchísimas gracias por sus valiosos aportes sobre la Voz de la Esperanza.

A todos los hermanos de la Iglesia Adventista del Séptimo Día de la Avenida Mella, la primera iglesia en Santo Domingo, por abrirme las puertas, hacerme participe de sus fiestas de aniversario y vivir, junto a ellos, momentos de regocijo, rememorando grandes acontecimientos históricos de esta iglesia. ¡Muchas gracias hermanos de la Mella!

Estoy muy agradecido del pastor Danilo Rodríguez, por su carta de estímulo, elogios e importantes datos para esta segunda edición.

Gracias al Doctor Ramón Portes Carrasco por sus valiosos aportes para esta segunda edición, especialmente para la elaboración del capítulo uno. Mi gratitud a mis amigos Miguel Lara y Yudelka Roche por su gran ayuda para la elaboración del capítulo 20.

Familia Sánchez-Concepción: muchas gracias por sus valiosos aportes.

Extensivo el agradecimiento a los pastores José Manuel Jiménez y Juan Francisco Scroggins por servirme de guías en las indagaciones realizadas en Consuelo y Jababa, respectivamente.

Muchas gracias a Manuel Mota, Dameis Nouel y a todos los que de una forma u otra hicieron su contribución para que este trabajo de investigación fuera hoy una realidad.

Y Por supuesto: gracias a usted, amigo lector, por adquirir este libro y sacar tiempo para su lectura. Tengo la certeza que le será de gran valor.

INTRODUCCIÓN

¡Esmeralda está feliz! Una de sus maestras en la escuela le había comunicado que su examen final sería el próximo sábado. Sus calificaciones son excelentes; es una estudiante brillante y meritoria. Pero estaba dispuesta a reprobar si fuere necesario la asignatura, si su maestra mantenía la decisión de presentar el examen el sábado. Pues, ¡jamás asistiría a la escuela en sábado!; -"¡Ni muerta!"-, afirmaba de manera categórica. Está feliz porque acabó de recibir una llamada telefónica de su compañera Alexa, dándole una buena noticia: ¡El examen ya no será el sábado sino el martes! Respiró profundo, abrió sus brazos hacia el cielo y dio gracias a Dios.

Es viernes por la tarde. Michael conduce su vehículo a gran velocidad. El sol brilla levemente en el ocaso. Debe llegar a tiempo, antes de la puesta del sol, para recibir el sábado con su familia. ¡Es una verdadera lucha en contra del reloj!

Federico acaba de renunciar a su trabajo. Sus compañeros y amigos no lo pueden entender. Era un excelente empleado; su nombre sonaba para ser el próximo gerente de la empresa; ganaba un buen salario y el respeto de todos los empleados. Se podría decir que era un empleado privilegiado. Su renuncia era, según él, de manera "Irrevocable". ¿Razón? Órdenes superiores indicaban que a partir del próximo sábado la empresa estaría abierta y todos los empleados, sin excepción, debían acudir a sus puestos de trabajo.

Escenas como estas quizás no resulten tan familiares para quienes no estén relacionados con los adventistas, pero sí para quienes lo están. ¡Y también el concepto de la portada!

Sin embargo, este libro no tiene la intensión de responder la pregunta sobre quiénes son los adventistas, -aunque al final encontrará un resumen de sus doctrinas y creencias-, sino más bien en narrar la historia de cómo llegó esta iglesia a la hermosa tierra de Quisqueya.

Tengo la convicción de que la llegada del adventismo a la República Dominicana no fue fruto de la casualidad. De hecho, nada ocurre en este mundo como consecuencia de aislados casos fortuitos. Todos sabemos, a ciencia cierta, que Dios interviene en todos los acontecimientos históricos de la humanidad. Todo individuo y toda nación nace y crece al amparo del omnipotente. Elena G. de White, la inspirada y prolífica escritora, una de los fundadores del gran movimiento adventista, dijo: *"Un estudio cuidadoso de cómo se cumple el propósito de Dios en la historia de las naciones... nos ayudará a estimar en su verdadero valor las cosas que se ven y las que no se ven, y comprender cuál es el verdadero objetivo de la vida"*.[1] No fue mera coincidencia que mientras en la República Dominicana se celebraba el nacimiento de una nueva república, libre y soberana, como fruto de su independencia en 1844, en los Estados Unidos tomaba cuerpo, en ese mismo año, el movimiento adventista. Evidentemente Dios guio este movimiento hasta convertirlo en una iglesia mundial y preparó el camino de las naciones para su florecimiento posterior en cada una de ellas.

Esta segunda edición recoge algunas pinceladas, ahora más ampliadas, de la historia de la Iglesia Adventista del Séptimo Día en la República Dominicana. Muestra la manera cómo Dios guio los acontecimientos históricos, en el marco de la colonización, hasta la independencia nacional, el 27 de febrero de 1844. Presenta también de que manera, en ese mismo año, inició el movimiento millerita, más tarde conocido como adventismo, en los Estados Unidos y que, avanzando por el Caribe, llegó a la hermosa tierra de Quisqueya donde floreció de manera notable.

Todo proyecto inicia y termina con una motivación. Y este no es la excepción. Mi motivación fue esta:

Fui adoptado por una familia con un alto nivel de patriotismo. Mi padre, quien se desempeñó, por muchos años, como alcalde pedáneo, me enseñó el respeto a nuestra bandera y símbolos patrios. Una de las primeras canciones que aprendí, en mi infancia, -Obligado por cierto-, fue el Himno Nacional Dominicano, catalogado como uno de los cinco himnos más bellos del mundo. Siendo un adolescente acepté al Señor Jesús y me uní a la Iglesia Adventista del Séptimo Día. Desde ese entonces he servido a esta iglesia, en la proclamación de la Palabra de Dios, en la tierra que me vio nacer y allende del mar. Con toda sinceridad digo que si me tocara volver a nacer preferiría otra vez nacer en la República Dominicana. Y es que, ser dominicano, ha sido para mí uno de los más altos privilegios. Este es un país de gentes buenas, amables, hospitalarias, solidarias, laboriosas, altruistas, alegres y de buen sentido del humor. Indudablemente que mis gentes de "Quisqueya la bella" tienen nobles corazones. Los cuales puestos en las manos de Dios, producen resultados maravillosos. Sin embargo, esas buenas virtudes son opacadas por un enemigo común que todos tenemos llamado Satanás; haciendo que nuestra sonrisa se convierta en mueca y el corazón se torne duro e insensible.

Mi amor por mi patria y mis gentes influyó en mi formación como pastor adventista. En mi labor pastoral he sido testigo de miles de vidas transformadas de mis coterráneos. Son muchos los que he visto convertirse en fieles cristianos; permitiendo de ese modo que sus nobles virtudes, transformadas por Cristo, lo conviertan en mejores ciudadanos. En dominicanos fieles y respetuosos a sus ideales patrios e integradores de valores y fe cristiana. Para mí no puede haber una mayor satisfacción que esta. Cuando un dominicano acepta a Cristo como su salvador personal recobra significado los símbolos e ideales de su bandera. La República Dominicana es el único país en el mundo en cuyo escudo nacional exhibe una cruz y la Biblia abierta en el Evangelio de San Juan 8:32 que dice: *"Y conoceréis la verdad y la verdad os hará libres"*. En su parte superior se lee el lema: *"Dios, Patria y Libertad"*.

El dominicano fiel a su nación mira por encima de su bandera al cielo azul, la morada de Dios, para luego exclamar con Gastón Fernando Deligne: *"Qué linda en el tope estás, dominicana bandera ¡Quién te viera! ¡Quién te viera! Más arriba, mucho más"*

Esta obra entrelaza dos grandes principios que han tenido que ver en mi formación humana y religiosa: el adventismo y el dominicanismo. Uno de los grandes dilemas que tuve que enfrentar fue la posición que debía asumir al escribir una obra histórica para un público general. Al principio entendía que mi posición debía ser imparcial y neutral. Sin embargo, terminé coincidiendo con Richard Schward cuando dice: *"El historiador adventista debe reconocer con franqueza que él no solo es un historiador sino también un adventista del séptimo día. Al acercarse al pasado de su propia iglesia encuentra que no siempre es fácil mantener separados ambas cosas. Que sus interpretaciones teológicas tiñen su selección e interpretación de los hechos"*.[2] No obstante, en lo personal, he hecho un notable esfuerzo, con la intensión de llegar al ideal de Leopold Von Ranke: *"Contarlo como realmente ocurrió"*.

En el verano del año 1986 hice planes para ingresar a la Facultad de Teología de la Universidad Adventista Dominicana (UNAD). Mientras realizaba labor de colportaje (Distribución de libros religiosos) para costear mis estudios en la ciudad de La Vega, tuve el privilegio de conocer al pastor Salvador Álvarez y a su esposa Andrea. El pastor Álvarez fue uno de los grandes pilares de esta iglesia en su etapa de expansión en este país. En varias ocasiones fui invitado por la anciana pareja para compartir y escuchar lindas experiencias en su humilde hogar. Sus deseos de compartir estas experiencias de valor histórico, su hospitalidad y la simpatía que había despertado en ellos, hicieron posible que en varias ocasiones me invitaran a dormir en su humilde casa, en la comunidad de Hatico. La forma cálida como el pastor Álvarez relataba sus vivencias, su amplitud e interesantes datos históricos y sus palabras motivadoras despertaron en mí el interés por la historia del adventismo y confirmaron mi vocación al ministerio pastoral.

Iniciado ya mis estudios teológicos, uno de los maestros nos asignó una investigación sobre los orígenes de la Iglesia Adventista del Séptimo Día en la República Dominicana. Quedé decepcionado por el poco material escrito que encontré sobre el tema. Afortunadamente, varios años más tarde aparecieron dos autobiografías de igual número de pastores adventistas que ejercieron el ministerio por muchos años en nuestro país; me refiero a Eugenio Valencia y Dionisio Christian. No obstante, aunque estos libros recogen algunas pinceladas del tema no es el objetivo principal tratar a fondo la historia. Son recopilaciones de las memorias y vivencias de ambos pastores, como marco de sus reseñas autobiográficas. A mediado del año 2002 fue publicado el libro "El Irá Contigo", del pastor Danilo Rodríguez, el cual sigue la misma temática de los anteriores.

El objetivo de este libro es que usted conozca la historia de la Iglesia Adventista del Séptimo Día en la República Dominicana. Podría considerarse como un complemento de lo que ya se ha escrito y de aquellos relatos que se han comunicado de generación en generación pero que carecen de fuentes escritas.

No pretendo presentar una reseña histórica acabada, ya muchos datos valiosos no escritos se fueron a la tumba y murieron juntos con sus protagonistas o testigos. Sin embargo, por la gracia de Dios, pude rescatar algunos de estos datos antes de que sus relatores murieran. Quizás pudieran ser ínfimos pero no dejan de ser relevantes.

Después de más de treinta años de indagación para este libro, debo reconocer que no ha sido una tarea fácil. Pretender recopilar esta historia es como querer armar un rompecabezas donde hacen falta algunas piezas claves. Es pretender llenar espacios vacíos sin saber cómo y con qué. Sin embargo, he hecho un denodado esfuerzo para coleccionar y compaginar informaciones escritas de las que ya existen, sin obviar datos orales muy valiosos de algunos testigos que aún vivían en el momento del inicio de la indagación. Para más confiabilidad de los datos, atendiendo algunas sugerencias, me trasladé a los lugares de los hechos; donde comenzó el adventismo en nuestro país. Pude realizar varias entrevistas a algunos pioneros de estos lugares. Para una mejor confirmación de los datos se les hizo un cuestionario individual a varios pioneros del mismo lugar. Luego se hizo una comparación para verificar si las respuestas coincidían. Para mi sorpresa muchos de los datos, coincidieron casi en un 100%.

Sabiendo esto, usted mismo podrá juzgar la confiabilidad de los datos que conocerá en este libro.

Como podrá notar, el libro se divide en seis secciones que abarcan acontecimientos y eventos históricos. Algunos se presentan en orden cronológicos y otros en base a la temática. Narra la historia del adventismo, contextualizada en el marco social y político del país. De esta manera el lector puede tener una idea más amplia sobre el qué, el cómo y el porqué de los acontecimientos ocurridos. Es por esta razón que comienzo presentando una síntesis de los acontecimientos que enmarcan la colonización y la independencia del país, en el contexto de la intervención divina en la historia de las naciones. Para una concepción más amplia muestro el origen de esta iglesia en los Estados Unidos, su avance por el Caribe y como llegó a la República Dominicana. Presento su avance y crecimiento, así como el desarrollo de sus instituciones, conjuntamente con los grandes desafíos que tuvo que enfrentar.

En una gran parte he utilizado materiales bibliográficos cuyas citas aparecen enumeradas al final de cada capítulo. Debo también destacar que algunos datos son inéditos.

Si le acompaña el deseo de aprender y comprender el origen, desarrollo y rápido crecimiento del adventismo del séptimo día en la República Dominicana, le invito a que se ponga cómodo y juntos iniciemos este fascinante viaje.

-El Autor

Referencias bibliográficas:
1.	White, Elena G. (de) Profetas y Reyes, Iadpa, pagina 403.
2.	W. Schwarz Richard, Greenleaf, Floyd: "Portadores de Luz" Apia, pagina 6.

Sección I

LOS ANTECEDENTES

Dibujo del Escudo de la Republica Dominicana.

Es catalogado como el único escudo en el mundo en resaltar los valores cristianos. Note la cruz en el centro y la Biblia abierta en San Juan 8:32 que dice: *"Y conoceréis la*

18

verdad, y la verdad os hará libres". Se puede notar además, la banda en la parte superior donde se coloca a Dios en primer lugar. Las ramas de laurel y de palma expresan victoria. Los colores de la bandera son: rojo, en representación de la sangre de los patriotas, (pudiera significar además, la sangre de Cristo), azul, que representa el cielo o la protección de Dios y una cruz blanca que los atraviesa, mostrando la pureza de Cristo. Los fundares de esta república eran hombres y mujeres creyentes, en cuya ideología nunca dudaron en colocar a Dios por encima de todas las cosas. ¿Una nación bendita?

Imagen de Miguel Estrella Gómez: http://karelhaitsma.hol.es/dr/esc/escbn.ht

1

PREPARANDO EL CAMINO: COLONIZACIÓN E INDEPENDENCIA DE R.D.

El gran filósofo romano Cicerón dijo: *"En todos los asuntos, antes de comenzar, debe realizarse una cuidadosa preparación"*.[1] En otras palabras, para que la cosecha sea efectiva antes de la siembra debe prepararse bien el terreno. Fue lo que justamente ocurrió en la Republica Dominicana antes de la llegada del adventismo a esta tierra. Llegaría a este país después de consumarse un largo proceso histórico de colonización e independencia que paulatinamente lo llevó a una estabilidad política. Esto sería el caldo de cultivo para el florecimiento de uno de los movimientos religiosos de mayor crecimiento en el mundo.

A su llegada a la isla el 5 de diciembre de 1492, Cristóbal Colón, le llamó "La Española" en honor a España, su lugar de procedencia. Tiempo después la parte oriental adoptaría el nombre de Republica Dominicana, a raíz de su independencia en 1844.

En la etapa precolombina esta tierra estaba habitada por aborígenes llamados Tainos; una raza pacifica cuyo significado es *Hombres buenos*. Ellos se autodenominaban de esta manera para distinguirse de los Caribes que eran hombres guerreros. Eran eminentemente agricultores, aunque vivían también de la caza y la pesca. Solían habitar en aldeas de 20 o 30 unidades de viviendas. Las circulares, con techos cónicos eran llamadas "Caney" y las cuadradas "Bohío". La isla estaba dividida en cinco grandes cacicazgos (Departamento o región), gobernada por un Cacique.[2]

Dicha distribución territorial es como sigue:

Cacicazgo	Cacique	Territorio
1. Magua	Guarionex	Todo el Nordeste
2. Marién	Guacanagarix	Región Noroeste
3. Maguana	Caonabo	Centro y Sur
4. Jaragua	Bohechio	Todo el Suroeste incluyendo Haití
5. Higuey	Cayacoa	Toda la región Este

El primer asentamiento español en el nuevo mundo fue en la Isabela, Puerto Plata, donde se construyó el fuerte de la Navidad, construido con los resto de la Nao "Santa María", la cual encayó.

Descripción

Quisqueya, nombre que le dieron los aborígenes, cuyo significado es "La gran tierra" o "Madre de toda la tierra" describía su fertilidad y belleza. Bañada por las aguas del Océano Atlántico y el Mar Caribe, esta paradisiaca media isla esta cruzada de nordeste a sudeste por una gran cadena de montañas llamada Cordillera Central. Hacia el norte se localiza la Cordillera Septentrional y al suroeste la Sierra de Baoruco. Entre esta regiones montañosas se extienden fértiles llanuras y valles atravesados por cristalinos ríos, los cuales extienden sus ramificaciones a todo lo largo y ancho, cuyas riveras propician el crecimiento de verdes y frondosos árboles; hábitat natural de aves de hermosos plumajes y dulces trinos.

Los vientos alisios, que soplan todo el año desde el Nordeste y el Este, hacen posible las abundantes lluvias, especialmente en el Valle del Cibao, que producen la fertilidad. Estos vientos combinados con la brisa del mar dan origen a un fabuloso clima templado que hacen de la República Dominica un lugar excepcional.

La siguiente canción de la autoría de Rafael Hernández Marín, titulada: "Linda Quisqueya" Ilustra la hermosura de este país:

No hay tierra tan hermosa como la mía
Bañada por los mares de blancas espumas,
Parece una gaviota de blancas pumas
Dormida en las orillas del ancho mar

Quisqueya la tierra de mis amores,
De sueves brisas, de lindas flores,
Del fondo de los mares la perla querida,
Quisqueya divina.

En mis cantares linda Quisqueya
Yo te comparo con una estrella,
La estrella solitaria que alumbra mi vida
Me brinda su luz.[3]

Enfrentamiento entre colonizadores e indígenas

La lucha de los aborígenes por la supervivencia, llamados "Indios" por Cristóbal Colón, -pues creía que había llegado a la India-, desencadenó en severas luchas. Estas luchas llegaron a su colmo con la matanza de Jaragua, donde cientos de indígenas fueron asesinados. Empero no fue tan fácil para los españoles dominarlos. En 1533 los colonizadores se vieron obligados a firmar un pacto con el Cacique Enriquillo, el cual se sublevó en las montañas de Baoruco. En este pacto se reconocía la libertad de los indios, por parte de la corona española, los cuales habían sido esclavizados por los españoles.

Edificación de la Ciudad de Santo Domingo

El asentamiento español de la Isabela fue trasladado a la ribera oriental del rio Ozama y más tarde a la parte occidental donde se fundó la ciudad de Santo Domingo, primera capital del nuevo mundo. Aquí funcionó la primera universidad, el primer ayuntamiento o cabildo, la primera Catedral y fue la sede del gobierno español para toda la región. De aquí se partió a la conquista de nuevos territorios. Santo Domingo es en la actualidad la capital de la Republica Dominicana y aquí se conservan las edificaciones de la ciudad colonial.

La incursión de Piratas

La falta de protección en la parte occidental de la isla dio lugar a la incursión de Piratas que procedían de Francia, Inglaterra, Portugal, Holanda y otros lugares. Estos negociaban con los residentes de esta zona los cuales se habían venido desarrollando con la siembra de jengibre, caña de azúcar y otros productos que eran negociados a través trueque. Estos navegantes o piratas se establecieron en la Isla Tortuga y más tarde en la parte occidental; adueñándose poco a poco de esta parte de la isla en la medida que el imperio español se iba deteriorando.

En 1586 el navegante inglés Francis Drake invadió y saqueo la ciudad de Santo Domingo. Esta invasión dio lugar a otras, hasta que finalmente los piratas establecieron una colonia francesa en la parte occidental de la isla que pasó a denominarse Saint-dominique, la cual alcanzó un notable desarrollo. A raíz de la revolución francesa los negros esclavos de esta parte de la isla obtuvieron su libertad.

En 1697, al finalizar la guerra entre Francia y España la isla quedó dividida mediante el tratado de Aranjuez: la parte occidental al mando de Francia y la oriental al mando de España. En 1795, mediante el tratado de Basilea, España cedió la totalidad de su territorio a Francia aunque el gobernador se negó a entregarlo hasta 1801, fecha en que toda la isla quedó al mando de los franceses.[4] En 1804, Jean-Jacques Dessalines proclamó la independencia de Haití, nombre que adoptó la parte occidental de la isla, cuyo significado es "tierra alta". Al debilitarse España y ceder su territorio, los haitianos dominaron la isla completa durante 22

22

años.

Independencia de la Republica Dominicana

Muchos movimientos en pro y en contra de la dominación haitiana se levantaron desde el mismo comienzo de la dominación. Varios intentos de independencia de la parte oriental de la isla se llevaron a cabo, suscitándose una interminable guerra por este objetivo. El primer intento de independencia fue protagonizado por José Núñez de Cáceres, el cual proclamó lo que se conoce como "La independencia efímera" el 30 de noviembre de 1821, llamada así por su corta duración.[5] Este primer intento solo logró recrudecer más la dominación haitiana. No obstante, pronto se iniciaron otros movimientos independentistas. El movimiento de la sociedad secreta "La Trinitaria", encabezado por Juan Pablo Duarte, Matías Ramón Mella y Francisco del Rosario Sánchez, fue el que mayor éxito tuvo. Dicha sociedad consistía en que cada miembro, de manera clandestina, buscaba tres personas y los añadía a la causa; comprometiéndose, cada miembro de los tres añadidos a buscar tres más, y así sucesivamente.

La noche del 27 de febrero de 1844 con "El trabucazo" de Matías Ramón Mella, en la puerta La Misericordia se anunció, de manera definitiva, la independencia.

La mañana del 28 de febrero los habitantes de la parte oriental de la isla "La Española" contemplaron la hermosa salida del sol que le anunciaba el surgimiento de una nueva nación, la cual se conocería con el nombre de Republica Dominicana; en honor a la orden agustina de los Dominicos, los cuales llegaron con los colonizadores con el propósito de "evangelizar" a los indígenas.[6] Con la confección de la bandera, con los colores rojo y azul, atravesados por una cruz blanca, y la elaboración de la primera constitución, el 6 de noviembre de 1844, en la ciudad de San Cristóbal,[7] quedó establecida la independencia nacional.

El pensamiento de Juan Pablo Duarte que dice: *"Nuestra patria ha de ser libre de toda dominación extrajera o se hunde la isla"* llegó a ser efectivo en el marco de estos grandes acontecimientos.

Referencias bibliográficas:

1. "Freses Celebres", Editorial América, S.A., Panamá, 1988, página 238

2. Inoa, Orlando. Historia Dominicana, Editorial Letra gráfica.

3. "Bolero Inesqueciveis" www.cifrantigua.com

4. https://es.wikipedia.org/wiki/Tainos_de_La_Espa%C3%B1ola.

5. "El gran Consultor Estudiantil, Enciclopedia Temática, Educar Referencia, Colombia, pagina 5.

6. "12,000 Minibiografías", Editorial América, Panamá 1991, página 473

7. "Gran Diccionario Enciclopédico Universal", Zamora Editores 2001, página 473

2

ORIGEN DEL ADVENTISMO Y SU LLAGADA A LAS ISLAS DEL CARIBE

El 27 de febrero de 1844 surge la Republica Dominicana como nación independiente. Ocho meses después, el 22 de octubre, de ese mismo año, en los Estados Unidos, otro gran acontecimiento de índole religioso estaba por ocurrir, el cual incidiría notablemente, más adelante, en la patria de Duarte, Sánchez y Mella.

Ese marte 22 de octubre de 1844 no fue un día más en la historia religiosa de los Estados Unidos. En la ciudad de Portland, del estado de Maine, miles de personas esperaban en ese día la segunda venida de Cristo. Muchos vendieron sus propiedades y algunos solo se quedaron con la ropa que llevaban puesta. Una gran expectativa reinaba, no solo en los seguidores de Guillermo Miller, sino en una considerable parte de la población que había seguido de cerca, aunque de una manera escéptica, las predicciones de este fogoso predicador. Durante los últimos trece años el Movimiento Millerita había suscitado fuertes debates teológicos. Algunos creían en la segunda venida de Cristo y otros no.

> *"Los que no creían, es decir, la mayoría de los habitante de Portland, se dividían en varios bandos: los que se burlaban y ridiculizaban a quienes esperaban el evento; otros no se burlaban pero miraban a esas personas con lastima y un gran numero ni siquiera tenía conciencia de lo que estaba pasando.*[1]

Los debates habían quedado atrás y el día tan esperado por los Millerita se encargaría de demostrar si tenían la razón o no. El día llegó y entre 50,000 y 100,000 fieles milleristas se levantaron la mañana del 22 de octubre ansiosos de ver la aparición de Cristo. Algunos subieron a las colinas más altas de Portland para ver mejor el espectáculo cuando Jesús apareciera en las nubes. Sin embargo, "Los relojes llegaron al último minuto del día, pero Jesús no apareció" [2] Tan triste fue este acontecimiento que Elena G. de White escribió:

> *"Nosotros estábamos perplejos y chasqueados, pero no por ello renunciamos a la fe. Muchos se aferraron a la esperanza de que Jesús no diferiría por largo tiempo su venida, pues la palabra del Señor era segura y no podía fallar"* [3]

Este gran acontecimiento, conocido como "El gran chasco", dio origen a varios movimientos religiosos, entre ellos el de la Iglesia Adventista del Séptimo Día.

Origen de la Iglesia Adventista del Séptimo Día

Después de este triste acontecimiento muchos renunciaron de la fe, otros siguieron colocando fechas para la venida Cristo y un pequeño remanente continuo orando y buscando el origen de su falla en la interpretación bíblica. De este pequeño grupo surgió un agricultor llamado Hiram Edson quien tuvo una visión, el día después del 22 de octubre, en la cual vio a Cristo pasando del lugar santo al lugar santísimo en el Santuario celestial. Esta visión ayudó a este grupo a interpretar correctamente la cita de Daniel 9:14 sobre "la purificación del santuario" que el grupo millerita había interpretado mal. Miller interpretó que la "purificación del santuario" seria la "purificación de la tierra", hecho que según él, debía ocurrir con el regreso de Cristo.[4] Con la visión de Hiram Edson el pequeño remanente comprobó que no se trataba del regreso de Cristo a la tierra, sino el paso de Cristo hacia el lugar santísimo en el Santuario celestial; para iniciar el juicio investigador.[5]

Esta experiencia de Edson y las visiones de una adolescente de 17 años, llamada Ellen Harmon, más tarde conocida como Elena G. de White, armaron el rompecabezas y trazaron las pautas teológicas y organizacionales para la formación de una nueva denominación religiosa de carácter mundial. Del 20 al 23 de mayo de 1963 se celebró el primer congreso de este grupo que fue creciendo rápidamente.[6] En esta reunión, que se celebró en Battle Creek, Michigan, se organizó como iglesia, se le puso un nombre y se eligieron sus primeros dirigentes. Desde aquí en adelante comenzó a llamársele: "Iglesia Adventista del Séptimo Día". "Adventista" porque continuaban esperando la segunda venida de Cristo, aunque ahora sin fecha; y "del Séptimo Día" en alusión al cuarto mandamiento de la ley de Dios que ordena la observancia del sábado o séptimo día de la semana.[7]

Esta nueva iglesia, ahora con un nombre que la define y una estructura funcional, no solo se limitó a llevar su mensaje a todos los Estados Unidos sino que traspasó sus fronteras llegando a países como Australia e Inglaterra. En tiempo posteriores sus ramificaciones llagarían a todos los continentes y países del mundo, incluyendo Centroamérica, el Caribe y por ende, la Republica Dominicana.

El adventismo en el Caribe

Antes de llegar a la Republica Dominicana la Iglesia Adventista del séptimo Día, se estableció primero en algunos países del Caribe. De esa manera avanzó hasta llegar a la tierra de Quisqueya. El pastor George Butler, uno de los líderes de esta iglesia en sus orígenes en EE.UU., anticipó que *"Veintenas y centenares de misioneros saldrán de esta tierra a otros países"*. Pronto esta predicción se convirtió en realidad. En 1872 la denominación religiosa envió su primer misionero fuera de los Estados Unidos: John N. Andrews. Desde esa ocasión decenas de misioneros salieron fuera del territorio americano a llevar su mensaje a otros países.

La entrada e historia del adventismo en las islas del Caribe está enmarcada en el contexto de las publicaciones religiosas. Los colportores jugaron un papel protagónico. Jamaica, una isla con apenas 160 kilómetros de largo por 80 de ancho, llegó a ser uno de los bastiones de la Iglesia Adventista del Séptimo Día en el Caribe. Se afirma que en 1940, uno de cada cinco miembros de interamerica, el 10%, vivía en esta pequeña isla.[8] La receptividad del mensaje adventista en Jamaica tuvo un gran impacto sobre las islas de Puerto Rico y la Republica Dominicana.

El adventismo en Jamaica y Puerto Rico

El adventismo llegó a Jamaica de una manera peculiar. Un colportor vendió un libro en la isla de Antigua. Quien lo adquirió se lo envió de regalo a unos de sus hijos llamado James Palmer quien vivía en Jamaica. Palmer escribió a los Estados Unidos, solicitando otros libros similares. Compartió algunos de estos libros con un médico local. Este mostró poco interés por las publicaciones religiosas y se las regaló a Margaret Harrison, una distinguida dama de la alta sociedad inglesa que hacia obras de caridad en el hospital que este laboraba, la cual aceptó el adventismo por medio de aquellas publicaciones. En 1893 la señora Harrison viajó al Sanatorio Adventista de Battle Creek, Michigan, para recibir algunos tratamientos. Hizo contacto con algunos líderes de la iglesia a los cuales les solicitó que enviasen un misionero a Jamaica. En aquel mismo año la petición fue acogida y rápidamente enviaron al misionero. Tan grande fue la aceptación del adventismo en Jamaica que en apenas diez años más tarde, en 1903, se organizó la Asociación Adventista de Jamaica, con 1,200 miembros.

Mientras en Jamaica sucedían estos acontecimientos, otro grupo de jamaiquinos, residentes en Mayagüez, Puerto Rico, mostraron también interés por el adventismo. En 1898 llegaron tropas norteamericanas a esta isla y con ellos un joven soldado adventista llamado David Trail, quien prestaba servicios como enfermero en varias ciudades de Puerto Rico. Como solo se podía comunicar en inglés, comenzó a predicarle a los jamaiquinos de habla inglesa que habitaban en la isla. Tan grande fue el interés mostrado por este grupo que en 1901 la máxima dirigencia de la iglesia en los Estados Unidos se vio precisada a enviar un misionero para atenderlos de manera especial. El pastor A.M. Fisher llegó a Puerto Rico con la misión de fortalecer este pequeño grupo de creyentes adventistas y expandir el mensaje en la colonia jamaiquina en la isla. Sin embargo, Fisher no solo se limitó a predicarle a los de habla inglesa, sino que tomó clases de español para predicarle también a los puertorriqueños.[9] Un año después de haber llegado a la isla el pastor Fisher murió víctima de fiebre tifo y la obra fue continuada por su esposa hasta 1903, cuando la iglesia envió a otro misionero llamado B.E. Connerly.

Poco después de su llegada, Connerly que era un publicista, comenzó a publicar la revista misionera "El Centinela de la Verdad". Esta revista fue la primera publicación protestante en Puerto Rico y sirvió para llevar el mensaje adventista, no solo a toda la isla de Borinquen, sino también a otras islas del Caribe, entre ellas, como veremos más adelante la Republica Dominicana. Para la distribución de esta revista se usaron varios colportores o misioneros de la página impresa. En 1904, uno de los jóvenes que habían llegado al adventismo fruto del trabajo misionero en Jamaica viajó a Puerto Rico con la finalidad de convertirse en misionero por medio de la distribución de la revista. Su nombre: Charles Moulton. Como veremos más adelante, Moulton, sería uno de los pioneros del adventismo en la Republica Dominicana.

Como dijimos anteriormente la Asociación Adventista de Jamaica fue organizada en 1903 y seis años más tarde, en 1909 se organizó la Misión Adventista Puertorriqueña.[10]

Con la llegada del adventismo a Jamaica, posteriormente a Puerto Rico y la puesta en circulación de la Revista "El Centinela de la Verdad", la introducción de esta denominación religiosa a la Republica Dominicana era casi un hecho. Pronto el fervor y el entusiasmo que generó el conocimiento y la aceptación de estas doctrinas entre los jamaiquinos y puertorriqueños contagiaría también a la hermosa tierra de Quisqueya.

Referencias bibliográficas:

1. Sepulveda, Ciro: "Elena de White, lo que no se contó", Apia, página 66

2 Ibis, pagina 66,67.

3 Notas Biográficas de Elena G. de White, Apia, pagina 63,64.

4. "Dilo al Mundo" Apia, 46.

5. Sepúlveda, Ciro: "Elena de White, lo que no se contó", Apia, página 30

6. Dilo al Mundo", Apia, pagina 47.

7. Sepúlveda, Ciro: "Elena de White, lo que no se contó", Apia, página 83.

8. Dilo al Mundo", Apia, pagina 11.

9. W. Schwarz Richard, Greenleaf, Floyd: "Portadores de Luz" Apia, paginas 286-287.

10. Asociación del Este de Puerto Rico. www.apadventista.org.

3

UNA CARTA ABRE LA PUERTA: EL ADVENTISMO LLEGA A R.D.

El misionero miraba con asombro las grandes cantidades de pedidos de la revista que había creado. B.E. Connerly, estaba asombrado, no porque dudara de la conducción de Dios en el proyecto misionero que había iniciado, sino porque la aceptación y el aprecio de la gente por su revista había sobrepasado sus expectativas.

Sentado junto a su pequeño escritorio, rodeado de papeles, libros y revistas, observaba el último número publicado de la revista, los presupuestos y las enormes cantidades de pedidos que de todas partes le llegaban. Había llamado a varios colportores quienes eran a su vez fogosos predicadores. Entre ellos Rafael López Miranda y el jamaiquino

Charles Moulton quienes se encargaban de la distribución de *"El Centinela de la Verdad"*.

Uno de sus colaboradores se le acercó con una amplia sonrisa en sus labios y una carta en sus manos:

-Hermano Connerly tengo esta comunicación que nos llega desde Santo Domingo.

- ¿De Santo Domingo? ¿Qué dirá esta carta? ¿Quién la envía?

- Léala usted mismo, creo que estamos recibiendo buenas noticias.- Le dice, mientras le extiende la mano pasándole el sobre.

El misionero con manos temblorosa abre la carta y mientras la lee sus ojos se llenan de asombro y de agradecimiento al Señor. Pone la carta sobre el escritorio y se inclina hacia atrás mostrando una amplia sonrisa de satisfacción. Sumamente emocionado dice:

-Es un Señor llamado Casiano Carrión. Dice que leyó la revista y quiere que se la enviemos mensualmente por correo. Está interesado en los estudios bíblicos que contiene y quiere impartírselo a un grupo de amigos y vecinos.

-¡Amen! ¡Maravilloso! ¡Oh Señor cuantas maravillas!- dijo el asistente.

-Tiene razón- Dijo Connerly, con la voz entrecortada- Dios es maravilloso y tiene un lindo plan. Pronto la luz de la verdad brillara también en la Republica Dominicana. Enviaré de inmediato los pedidos y procuraremos no perder los contactos con este amigo y su grupo. - Y finalmente invitó a su colaborador a colocarse de rodillas,- ¡Demos gracias a Dios! ¡Vamos a orar!

Ambos comenzaron a orar dándole gracias a Dios por esta emocionante carta y pidiendo a Dios que dirija la obra que está por iniciar en Santo Domingo.

El remitente

¿Quién era el remitente de aquella carta? ¿Quién era Casiano Carrión? Era un pequeño comerciante del sector de Villa Duarte, en lo que hoy es Santo Domingo Este o la parte oriental de la capital de la Republica Dominicana. Carrión comenzó a interesarse por el evangelio después de haber conocido a la señora Cecilia Shenery. La señora Tatán, como le llamaban sus amigos y relacionados más cercanos, era una humilde ama de casa que había llegado a Santo Domingo desde la isla San Thomas, después de la muerte de su padre. Procedía de una amplia familia de protestantes, aunque ella, a pesar de ser temerosa de Dios, no lo era. Sin embargo, comenzó a interesarse por la Biblia y decidió abrir su casa para estudiarla con algunos amigos y relacionados. Comenzó a ofrecer cursos de bordados. De esta manera, no solo ganaría el sustento, ya que era madre de dos niñas, sino que también aprovecharía para hablarles de la Biblia a sus clientes. Las personas se interesaron tanto en el estudio, que pronto estableció un grupo para el estudio de la Biblia en su humilde residencia. Siendo que no era tan diestra en el manejo de la Biblia, se valía de unos viejos y amarillentos folletos que heredó de sus ancestros y trajo con ella desde su isla. Entre las personas que la señora Shenery contacto para darle los estudios bíblicos se encontraba Casiano Carrión. Siendo que Carrión era un comerciante, probablemente su encuentro con la señora Shenery se produjo en algún momento que ella visitara su negocio o quizás ella le habría ofertado algunos de sus bordados. Lo cierto es que a las manos de Casiano Carrión llegó, por primera vez, una Biblia como obsequio de la señora Shenery a principio de los 1900s. Para Carrión no podría existir mejor regalo que este. A pesar de que casi no sabía leer, pues nunca había asistido a la escuela, puso todo su empeño en conocer ese sagrado libro, a tal punto que no solo perfeccionó su lectura leyendo la Biblia sino que también aprendió a escribir.[1]

Casiano Carrión tenía un negocio en Villa Duarte que consistía en un pequeño quiosco donde vendía alimentos, frutas, vegetales, refrescos, golosinas y bebidas alcohólicas. Como era músico, tocaba un acordeón y tenía una mesa de dominó para que los vecinos y asistentes al negocio se recrearan y se divirtieran. Era también una manera para atraer a sus clientes.[2] Aprovechando el grupo de personas que asistían a su negocio formó otro grupo para estudiar la Biblia. Primero asistía al grupo de estudios bíblicos de la señora Shenery y lo que aprendía lo enseñaba en su grupo. Se reunían un día a la semana. El grupo fue en aumento.

Un día, mientras caminaba por su sector, le llamó la atención una arrugada revista que alguien había tirado a la basura. Notó que se trataba de una publicación religiosa. La tomó del zafacón, la desarrugó, la hojeó y le pareció interesante. Era un ejemplar de la revista *"El Centinela"*, que, como dije en el capítulo anterior, era publicada por la iglesia adventista en Puerto Rico, bajo la dirección del pastor B.E. Connery. ¿Cómo llegó esta revista al país? ¿Quién la había tirado a la basura? Eso nunca se sabrá. Lo que sí se sabe es que a las manos de Carrión llegó aquella revista y, aunque la tomó de la basura, sus resultados serían sublimes. Motivado por los estudios bíblicos que ofrecía, escribió al pastor Connery a Puerto Rico se suscribió para recibirla mensualmente, aportándole una pequeña ofrenda.

Pronto obtuvo la respuesta y como resultado comenzó a recibir mensualmente la revista a vuelta de correo. Grande fue el entusiasmo por parte del grupo de estudiantes de la Biblia de Carrión al recibir los estudios que ofrecía la revista. Pronto comenzaron a observar el sábado como día de reposo, como lo enseña la iglesia Adventista del Séptimo Día. Carrión comenzó a cerrar su negocio los sábados y dedicarlo por completo al estudio de la Biblia, promover su nueva fe y la obra de caridad. Muchas de las personas, ajenas a lo que estaba ocurriendo, solo notaban que Carrión cerraba su negocio los sábados, que ya no vendía bebidas alcohólicas ni salami y había cambiado los merengues, que tocaba con su acordeón, por himnos cristianos. Algunos comentaban que Casiano Carrión y un grupo de vecinos "practicaban una religión rara" a la que llamaban "La Iglesia de Casiano".[3] Sin embargo, nada de esto amilanó al pequeño grupo de creyentes. Las críticas, en vez de desanimarlo, lo que hizo, por el contrario, fue animarlo y ayudarlo a crecer. Muchos residentes del sector, ya sea por curiosidad o atraídos por los estudios, asistían a algunas reuniones del grupo. En muchas ocasiones eran convencidos y terminaban siendo parte del mismo. De modo que el grupo fue creciendo cada día más.

El pastor W. Spicer, citado por el pastor Eugenio Valencia en su relato: "Memoria y Álbum" afirma que Casiano Carrión y parte de los miembros del grupo fueron encarcelados acusados de la muerte de un residente y de la práctica del espiritismo y la hechicería. Sin embargo, aun dentro de la cárcel nunca dejaron de predicar y muchos fueron persuadidos. Pasaron dos semanas en prisión hasta que la señora Shenery gestionó, con las autoridades, su puesta libertad. Finalmente el comandante de la prisión pensó que los prisioneros "estaban haciendo tanto daño dentro de la prisión como antes lo hacían fuera de ella"[4] Pues muchos presos comenzaron a interesarse en los estudios bíblicos. De modo que Carrión y su grupo fueron liberados. Más tarde se comprobó que la acusación era falsa y que el móvil de la misma fueron los celos; pues algunos líderes religiosos vieron, debido al crecimiento y al entusiasmo que generó este grupo, una amenaza que mermaría sus congregaciones. También las burlas y las críticas fueron inducidas. Se les tildo de locos, fanáticos y todo tipo de expresiones peyorativas. Pero nada de esto desanimó a Casiano y su grupo.

El primer adventista dominicano

Casiano Carrión fue un hombre sin ninguna preparación académica, no obstante, fue susceptible a la dirección del Espíritu Santo. Puso sus pocas habilidades al servicio de Dios y el Señor lo perfeccionó. Fue un hombre humilde, empero de férreas decisiones y firmes determinaciones. No se amilanó ni se desanimó por las burlas y los improperios que recibió. Por el contrario, esas descalificaciones, fueron el combustible que encendió su ánimo y su autodeterminación. Esa fuerza interior que lo impulsaba era el poder del Espíritu Santo.

La fe viva en Dios y su firme determinación a comunicar a otros lo que había aprendido, primero en el estudio bíblico de la señora Cecilia Shenery y luego en el de la revista "El Centinela de la Verdad", llevó a Casiano Carrión, sin proponérselo, a encender la antorcha del adventismo del séptimo día en la Republica Dominicana. Sin lugar a dudas, este gran hombre de Dios, merece el gran honor, como lo sugiere el pastor Valencia, de ser reconocido como el primer adventista dominicano y uno de sus pioneros; quien junto a la señora Cecilia Shenery puso los primeros cimientos de este mensaje en la hermosa tierra de Quisqueya.

La elección de Charles Moulton

La noticia sobre el progreso del grupo de Villa Duarte llenó de alegría a los misioneros adventistas en la isla de Puerto Rico. El pastor

Connery mantuvo siempre el contacto con Casiano Carrión y su grupo. Fue también motivo de sumo gozo saber que habían comenzado a practicar algunas doctrinas del adventismo, entre ellas la observancia del sábado como día de reposo. Por tales decisiones comprendieron que estas personas necesitaba de una atención especial porque era como una plantita que estaba naciendo. Decidieron enviar a Santo Domingo a un misionero que le diera asistencia al grupo de Carrión hasta convertirlo en una nueva iglesia. Eligieron al joven Jamaiquino Charles Moulton quien tendría la doble misión de atender al grupo y promover y distribuir la revista "El Centinela de la Verdad" en la capital dominicana y otras regiones del país.

Moulton, como dije anteriormente, fue uno de esos jóvenes jamaiquinos que aceptaron el adventismo en su país y decidieron darlo a conocer a otros. Arribó a Puerto Rico desde Jamaica en 1904 para unirse al equipo de distribuidores de la revista editada por Connery en la isla del encanto. Aunque tenía 29 años contaba con la experiencia en la distribución de libros cristianos, pues se integró al colportaje al poco tiempo de ingresar a la Iglesia Adventista del Séptimo Día.

Por esto y su gran oratoria, pues era un buen predicador, lo eligieron. Los líderes adventistas entendieron que en la Republica dominicana no sería tan difícil predicar estas doctrinas, comparado con otros lugares donde no había presencia adventista. En Santo Domingo los cimientos de esta denominación religiosa ya estaban echados. Solo había que estimular y confirmar la fe. Todos concordaban en que Charles Moulton era el hombre ideal.

Referencias bibliográficas

1. *Valencia Eugenio, "Memoria y Album" página 17*
2. *Ibid paginas 13*
3. *Ibid, pagina 14.*
4. *Ibid página 15.*

Sección II

ETAPA FORMATIVA

4

PRIMERA CONGREGACIÓN ADVENTISTA EN R.D.

Los últimos rayos del sol, que moría en el ocaso, iluminaban tenuemente el pequeño grupo de personas reunidos junto al muelle. Era principio del 1907,[1] Connerly y una pequeña comitiva de fieles adventistas fueron a despedir a Charles Moulton al puerto de Mayagüez. Entre el grupo se encontraba también Laura, la esposa del misionero, y su pequeño hijo quienes viajarían luego. Era un fresco atardecer invernal que no obstante irradiaba el calor humano de aquellos humildes hombres y mujeres que se habían puestos en las manos del Dios todopoderoso. Hicieron un círculo alrededor de Moulton y elevaron a Dios una oración, pidiéndole la protección y dirección divina del fiel misionero, quien había aceptado el desafío de ir a predicar a un país que no conocía. Era como si se estuviera replicando la experiencia de Abraham a quien Dios le ordenó salir "sin saber para donde iba" [2] En la mente del misionero y colportor se repetía, una y otra vez, las palabras dichas a Josué: *"Mira que te mando que te esfuerces y seas valiente; no temas ni desmayes porque Jehová tu Dios estará contigo en dondequiera que vayas"*.[3]

Entre abrazos y lágrimas el grupo de hermanos de la iglesia y familiares despidieron a Moulton. La embarcación comenzó a moverse, dio la vuelta y colocó su proa apuntando hacia el suroeste. Pronto comenzó a navegar mar adentro, hacia las profundidades del Mar Caribe. Atrás quedaban los brazos extendidos que con las manos abiertas se balanceaban de un lado a otro en señal de adiós y al frente la inmensa alfombra azul grisácea del bravío mar. Apoyado en la baranda de la popa, con la mano derecha extendida, veía como el barco se alejaba del puerto y de la costa de Puerto Rico. Al cabo de una hora no quedaba más que una desdibujada sombra negra que pronto desapareció. Ahora solo quedaba la inmensa e interminable alfombra gris que rodeaba la embarcación la cual, poco a poco, se fue tornando negra.

Después de varias horas recorridas el misionero fue a estribor para contemplar. Miró en toda dirección con ansias de avistar las luces de aquella hermosa tierra de Quisqueya, de la que tanto le habían hablado y a la cual se dirigía, con la sagrada misión de llevar el mensaje adventista. Preguntó y le informaron que todavía faltaba mucho por recorrer. De modo que dejó a un lado la curiosidad y se dispuso a compartir sus creencias con algunos de sus compañeros de viaje. Varios mostraron su interés y otros se mostraron escépticos. La noche avanzaba y todos fueron a sus camarotes a dormir. Sin embargo, Moulton no tenía sueño y aprovechó para dar un paseo por cubierta. La noche era obscura y tenebrosa. Muy parecido a lo que sucede en la vida de los que viven en el mundo sin Dios y sin esperanza; meditó. Caminó por espacio de una hora y luego entró a su camarote y se durmió.

La luz del nuevo día que se reflejaba en la ventana de su camarote despertó y sorprendió a Moulton. Mientras se arrodillaba ante su cama para orar, escuchó del otro lado, voces que le indicaban que se aproximaban a Santo Domingo. Terminó de orar y rápidamente se vistió y salió a cubierta. Lo que sus ojos contemplaron no lo podía creer. Le habían dicho que la Republica Dominicana era un país hermoso, pero el paisaje que tenía antes sus ojos era impresionante y paradisíaco. Lo que estaba contemplando superaba todas sus expectativas. Ahora comprendía por qué le decían, "El paraíso del caribe". Poco a poco el barco se fue acercando al puerto hasta atracar en el muelle en la desembocadura del rio Ozama. Sus ojos se posaron en las suntuosas edificaciones de la antigua pero aún hermosa ciudad colonial. A la izquierda de la rivera del rio se levantaba el majestuoso palacio, "El Alcázar de Colón", convertido ahora en museo; el cual fue la sede del gobierno colonial. La gigantesca muralla rodeaba otros edificios que aun preservaba la belleza de lo que otrora fuera el gran imperio español. Hacia la derecha del muelle se apreciaba el sector de Villa Duarte el cual era su destino final. La fila de personas comenzó a bajar. Moulton se despidió de sus compañeros de viaje y su figura se confundió en medio de la multitud que se agolpaba en el puerto.

Acontecimientos políticos y sociales a la llegada de Charles Moulton.

Dos grandes acontecimientos ocupaban la atención política y social de la República Dominicana a la llegada de Charles N. Moulton al país: en primer lugar la firma del tratado conocido como la "Convención Dominico-Américana", mediante el cual los Estados Unidos concedía un préstamo de veinte millones de dólares para que el gobierno dominicano cancelara la deuda pública. El gobierno americano tomó el control y la administración de las aduanas como garantía de pago; y en segundo lugar la reforma constitucional de 1907 propuesta por el Presidente de la República, General Ramón Cáceres, mediante la cual se fijó el período presidencial en seis años; se eliminó la vicepresidencia de la república y el poder ejecutivo tomó control del poder absoluto.

Aunque los medios de información eran pocos, y el país no era más que una extensa aldea, el único periódico a la sazón, el Listín Diario, daba cuenta de estas noticias considerándolas en primer plano. Los rumores en torno a estos hechos se extendieron por todo lo largo y ancho del país sin dar lugar a ninguna otra novedad. Probablemente esta situación provocó que la llegada de Moulton fuera silenciosa, así como su obra se extendería silenciosamente por todo el país.

Casualmente, cuatro meses después, los lectores del Listín Diario se dieron cuenta de la presencia del misionero en el país por medio de una pequeña nota de prensa colocada en una pequeña esquina del periódico, que con probabilidad para muchos pasó desapercibida. Dicha nota decía:

"Presentado por nuestro distinguido amigo, Señor Jaime R. Vidal, tuvimos el placer de recibir hoy de visita al Señor C. N Moulton, representante de "El Centinela de la Verdad", notable revista mensual que publica en Mayagüez, Puerto Rico la Sociedad Adventista del Séptimo Día". Añade *"Luego de cuatro meses de labor.. Moulton informó del extraordinario recibimiento que había tenido la literatura adventista.*

Los pioneros adventistas de Villa Duarte y Mendoza

Villa Duarte era un populoso barrio de la parte oriental de la ciudad de Santo Domingo, en las inmediaciones del río Ozama. Para 1907 este sector no tenía nada que envidiarle a una aldea africana. Sus polvorientas callejuelas retorcidas como serpientes heridas, eran un reflejo de las precariedades de sus moradores, por donde deambulaban perros realengos, enclenques gatos barcinos y niños descalzos. Viejas casas coloniales entremezcladas con casuchas de tablas de palmas, cobijas de yaguas y una que otras de zinc enmohecidos, daban albergue al hambre y a la miseria. Algunos de sus habitantes, agobiados por la desesperanza, se rendían en los brazos del alcoholismo y los vicios. Quienes creían en algo se refugiaban en la brujería y en todo tipo de esoterismo, cada vez más lejos de Dios. No obstante, cual la Belén empobrecida y olvida de antaño brillara la luz de Cristo, los rayos de esa luz, traspasando el espacio y el tiempo, llegaría hasta aquel humilde sector, carente de pan y esperanza. Hacia aquel lugar se dirigió Moulton, estableciendo allí su residencia.

Siendo que en este lugar vivía Carrión y los de su grupo, quiso mudarse lo más cercano posible para cumplir con la misión encomendada. Además, por ser un lugar estratégico, le permitiría distribuir la revista en los sectores aledaños. Moulton junto a su esposa Laura quien, tres meses después, vino desde Puerto Rico para unirse a él en su trabajo misionero, inició reuniones de escuela sabática en el sector. En una pequeña casa que había alquilado para residir, se reunían cada sábado a estudiar la Biblia. A estas reuniones asistía el pequeño grupo de creyentes de Casiano. Algunos vecinos asistían, otros no se interesaron en lo absoluto, mientras que algunos escépticos tildaban de locos a los allí reunidos. Unos cuantos les lanzaban piedras junto con sus palabras ofensivas y vulgares. No obstante, muchos corazones fueron alcanzados y una vez aceptaron a Cristo sus vidas fueron transformadas y la esperanza brilló en sus ojos.

Un año más tarde, en 1908, Casiano Carrión decidió mudarse, junto con su grupo, al sector de Mendoza en el extremo oriental de la ciudad de Santo Domingo. Pensaba que en aquel sector las gentes serían un poco más receptivas al mensaje que predicaba. Aquí logró amistarse con algunas personas. Convenció a Charles Moulton a mudarse también al lugar. Motivado por los hermanos en la fe, Moulton decidió trasladarse a Mendoza y aprovechar el entusiasmo de algunos residentes del sector en conocer el mensaje adventista. Las evidencias que arrojan la permanencia y fervor de este grupo de Mendoza muestra la receptividad de estas personas a las cuales predicaban Casiano y Moulton. Fue así como este sector capitalino se convirtió en el destino obligado de los adventistas cada sábado. Este fue el primer grupo de creyentes adventistas en la República Dominicana. El espíritu de trabajo y el sentido de misión que poseía Moulton lo llevó a no conformarse con llevarle el mensaje adventista solo al grupo de Mendoza. En 1908, el mismo año que estableció su nueva residencia en Mendoza, decidió visitar varias regiones y bateyes de San Pedro de Macorís, ciudad del Este de la República Dominicana. Allí dio a conocer la revista, conoció algunas personas y estableció un grupo del que hablaremos en el siguiente capítulo.

Referencias bibliográficas:

1. *Christian, Dionisio. En las Manos del Dios Todopoderoso. Pagina11*
2. *Valencia, Eugenio. Memoria y Álbum. Páginas 18.19*
3. *Moya Pons, Frank. Manual de Historia Dominicana. Página 444*
4. *Ibis. Página 449*
5. *Christian, Dionisio. En las Manos del Dios Todopoderoso. Pagina12*

5

EL ADVENTISMO
LLEGA AL ESTE

Montecoca; quizás para muchos, al igual que para mí al

principio, no le resulte tan familiar este nombre. Sobre todo aquellos que poco conocen de la región Este de la República Dominica. Sin embargo, Montecoca guarda una estrecha relación con la historia del adventismo en este país. Para el 1908 era una floreciente comunidad habitada por personas de varias nacionalidades. Ubicada a 6 kilómetros del actual municipio de Consuelo, en la provincia San Pedro de Macorís, esta comunidad fue la primera en recibir el mensaje adventista en esta región. Cuentan algunos de sus moradores que el núcleo poblacional que nutría al Ingenio Consuelo estaba allí. En este lugar convergían británicos, puertorriqueños, haitianos y dominicanos que eran, en su mayoría, empleados de dicho ingenio. Lo que hoy es el Municipio de Consuelo no existía para 1908. El gran ingenio estaba rodeado apenas por algunas casas y algunos pequeños negocios. La gran mayoría de empleados viajaba a pie o a caballo desde la comunidad Montecoca, cruzando el río Maguá.

El Ingenio Consuelo.

Los Ingenios azucareros en la República Dominicana fueron, a través de su historia, la fuente de mayor ingreso a su economía. El proceso de la caña de azúcar, principal producto de exportación, era una de las principales labores en este país. Estas empresas azucareras eran una verdadera mezcla de azúcar y amargura; donde una gran cantidad de alegres trabajadores convergían paradójicamente con explotados obreros que clamaban por salarios más justos. El Ingenio Consuelo, como su nombre lo indica, era un consuelo para muchos hombres desempleados y carentes del sustento. De hecho, muchos llegaron a creer que esta era la razón de su nombre. En este lugar se daban cita personas de todo el país y de otras nacionalidades, algunos como empleados y otros como buscadores de empleos. Conseguir una oportunidad de trabajo aquí era como sacarse la lotería. La esperanza de muchos era la desesperanza y cancelación de otros. Consuelo no era más que la dicha de unos y la desdicha de otros.

De alguna manera Charles Moulton se enteró no sólo de la existencia de este gran Ingenio, sino de la gran cantidad de personas de habla inglesa que concurrían o residían cerca del lugar. Como era jamaiquino de habla inglesa, aunque sabía muy bien el español, siempre, como es natural, se sentía mejor hablando su propio idioma. Posiblemente esta situación, conjuntamente con la idea de predicar y colocar las revistas en las manos de algunas personas de allí, lo motivó a visitar aquel lugar.

Al visitar algunos comercios y hogares en las inmediaciones del Ingenio Consuelo, Moulton se encontró con una familia de habla inglesa, que aunque no profesaban el adventismo, era muy hospitalaria. Esta familia no solo dio albergue al misionero, mientras este visitaba el ingenio y sus alrededores, sino que en varias ocasiones invitó también a la familia completa del misionero a pasarse semanas completas en su casa. En el 2003, mientras investigaba para este libro, tuve el privilegio de visitar esta casa y conversar con algunos descendientes de esta familia. Para esta fecha la casa conservaba aun su estado original.

Moulton en Montecoca

Siendo que, como dije antes, la masa poblacional del Ingenio Consuelo residía en el Batey Montecoca, Moulton no tardó mucho en visitar este lugar. Al identificarse como adventista, observador del sábado, alguien le refirió un sastre llamado Samuel Dorson, el cual había venido a residir allí desde Saint Kitts, Islas Británicas. Le llamaban el judío británico de las Islas Vírgenes porque no trabajaba los sábados. Muy emotivo fue el encuentro de Samuel Dorson y Moulton, los cuales iniciaron una gran amistad. Juntos idearon establecer reuniones de estudios bíblicos. Más tarde, posiblemente por referencia de Dorson, Moulton estableció contacto, en la misma comunidad, con otra familia que también era reconocida por su vinculación con el día sábado: la familia Williams. Esta familia acogió con gran regocijo a Charles Moulton. El misionero compartió varias de sus doctrinas con ellos, ayudado por Samuel Dorson. La familia Williams invitó a otros amigos del sector y pronto iniciaron los estudios de la Biblia. Cada sábado se reunían para la celebración de la Escuela Sabática. Tan grande fue el fervor de las reuniones que pronto llamó la atención de otros residentes, los cuales decidieron congregarse en la casa de los Williams. Esta familia tenía varios hijos, uno de ellos, influenciados por Moulton, no sólo aceptó el adventismo sino que más tarde se dedicó al colportaje y fue, como veremos en el próximo capítulo, uno de los pioneros del adventismo en la Región Norte o Cibao

Sin embargo, no todo fue color de rosas. El escepticismo de unos y las antiguas tradiciones de otros, hizo que muchos miraran con sospechas las reuniones de los Williams. Algunas personas, que tenían que trabajar los sábados en el Ingenio, decidieron no aceptar el mensaje adventista que enseñaba a respetar el sábado y observarlo como día de reposo. Algunos terminaron rechazando el mensaje adventista, mientras que otros estuvieron dispuestos hasta a perder sus empleos por seguir sus creencias. Varios de ellos decidieron trabajar horas extras; otros por su destacada labor lograron conseguir libre el sábado. Lo que nadie tuvo en dudas, porque era evidente, es que estas personas, antaño revoltosas, maliciosas y viciosas llegaron a ser hombres y mujeres mucho más laboriosos y humildes; transformados por el Espíritu de Dios. Hasta la misma familia que alojó a Moulton, cerca del Ingenio Consuelo, llegó a aceptar el adventismo gracias a la influencia del misionero.

Este grupo de adventistas de Montecoca fue el segundo grupo de adventistas en el país. Por mucho tiempo se creyó que aquí se fundó la primera Escuela Sabática. Por esta razón el pastor Valencia, citado por el pastor Dionisio Christian dice: *"Considero que sería muy extraño que llegando a la capital en 1907 y encontrar unos guardadores del sábado el pastor Moulton esperara llegar al Ingenio Consuelo en 1908, es decir un año más tarde, para proceder a la organización de la primera Escuela Sabática."*

La Iglesia de Consuelo

El primer grupo de creyentes adventistas de Montecoca se mantuvo por muchos años como un baluarte del adventismo en la región Este. Aun en medio de las grandes dificultades que tuvo que enfrentar.

Esta congregación duró muchos años reuniéndose de casa en casa. A principio de la década del 1950, mientras se reunía en la casa de la familia Jones, este grupo fue afectado por la entrada de un movimiento religioso disidente. La familia Jones, se apartó del adventismo y algunos miembros adventistas fueron advertidos sobre la incoherencia doctrinal del movimiento de "La Vara del Pastor" que había confundido a algunos miembros. El laico Papi Dinzey amonestó al grupo y los invitó a apartarse de la casa de los Jones, para poder mantenerse como fieles adventistas. Muchos aceptaron el llamado y el grupo fue dividido.

En 1956 los que siguieron fiel al adventismo comenzaron a reunirse en la casa de Gerardo Gian; un notable carpintero y un gran predicador. Un agricultor llamado Pablo Torres donó una esquina de un conuco que poseía para la construcción del local de la iglesia. El señor Gian ayudó en la construcción de la primera capilla que era al principio de tabla de palmas. Más tarde, cuando las inmediaciones del Ingenio Consuelo comenzó a poblarse, una gran parte de los miembros de la iglesia de Montecoca fueron a fortalecer el grupo de adventista que en 1958 comenzó a reunirse en este lugar; integrado, básicamente, por adventistas que venían de otros lugares. Felipe Rivera y Dominga Sosa se cuentan entre los fundadores de la Iglesia de Consuelo. Se reunían en un local cuya ubicación actual es calle F #39. A pesar de que muchos de los pioneros adventistas de Montecoca fueron a vivir al Municipio de Consuelo y se organizaron en una nueva congregación, la iglesia adventista de Montecoca se mantiene hasta hoy como un monumento de la fidelidad de algunos, que pese a todos los desafíos pudieron resistir.

El primer bautismo

En el año 1909 fue organizada la Iglesia Adventista del Séptimo Día en Puerto Rico. La nueva Misión Puertorriqueña contaba con la República Dominicana como parte de su territorio. Los dirigentes de dicha Misión se interesaron en lo que estaba aconteciendo con la obra adventista en la República Dominicana. Siendo que únicamente un pastor ordenado tenía la facultad de bautizar nuevos creyentes los dirigentes de la Iglesia en Puerto Rico decidieron enviar en 1910 al pastor W. Steele, para la realización de dicha ceremonia. Para este primer bautismo adventista en la República Dominicana fueron reunidos los nuevos creyentes tanto de Mendoza como de Montecoca. El pastor W Steele escribió más tarde un artículo del cual hacen mención Valencia y Christian en el que afirma: *"Yo tuve el privilegio de bautizar ocho de estos creyentes en nuestro primer servicio bautismal en Santo Domingo".[2]* La alegría de Casiano Carrión y algunos de su grupo así como los de Montecoca, que fueron bautizados en esta importante e histórica ceremonia, no tenía comparación. Después de tantos años de pruebas y sacrificios Dios los había premiado. Ahora más que nunca se dieron cuenta que valió la pena esperar y ser firmes en su decisión y en su misión de predicación.

Por varios años el grupo que dirigía Carrión continuó reuniéndose en su hogar de Mendoza. A la medida que salían casa por casa a predicar e invitaban personas a sus reuniones el grupo fue aumentando. Lo mismo se puede decir de los de Montecoca, en Consuelo. Grandes fueron los logros de estos florecientes grupos.

Moulton y su familia regresan a Puerto Rico

Sin embargo, en 1911 Charlie Moulton y su familia tuvieron que regresar a Puerto Rico debido a la preocupante situación política que vivía la República Dominicana. El intento de golpe de estado patrocinado por grupos de la oposición al gobierno de Ramón Cáceres y la posterior muerte de éste, a mano de sus opositores creó un ambiente de inestabilidad y anarquía. El pastor Valencia lo describe de la siguiente manera: *"Eran tiempos muy difíciles en más de un sentido, y en 1911, debido a los disturbios políticos y la inestabilidad del país los Moulton volvieron a Puerto Rico".* A Moulton, bajo estas circunstancias, le fue difícil continuar con su trabajo misionero. Una precaria situación económica y el temor se habían adueñado de los dominicanos. Las personas tenían temor en gastar el mínimo centavo por la incertidumbre reinante. Moulton se vio presionado por esta situación ya que se sostenía de las ventas de la revista *El Centinela* y algunos libros adventistas. La situación económica y política fue la que lo obligó a interrumpir su obra.

Aunque Moulton regresó a Puerto Rico junto a su esposa la obra que inició quedó. Algunos de los hijos de los Williams se habían interesado no sólo en el adventismo sino en llevar el conocimiento de estas doctrinas a otros. Muchos de los creyentes adventistas, tanto del sector de Mendoza como de Montecoca tuvieron que soportar un sinnúmero de pruebas debido al oscurantismo religioso de muchos y a la situación política reinante. No obstante, por la gracia de Dios, pudieron vencer.[3]

Referencias bibliográficas

1. Christian, Dionicio. En las manos del Todopoderoso, páginas 12-13

2. Ibid, página 13

3. Valencia, Eugenio. Memoria y Álbum, página 37

6

EXTENSIÓN HACIA LA

REGIÓN NORTE O CIBAO

La crisis política y social, a raíz del asesinato del General Ramón Cáceres, presidente de la República Dominicana, ocurrido el 19 de noviembre de 1911, se extendió por un largo periodo.[1] Esta situación hizo que durante los años 1911 al 1916 la etapa formativa del adventismo en este país, especialmente la buena labor del colportor Moulton, sufriera algunos inconvenientes. A pesar de los disturbios y la inseguridad, que hizo que Moulton regresara a Puerto Rico, la barca adventista, que había empezado a navegar jamás, se detendría.

Un conocido refrán popular dice: *"No hay mal que por bien no venga"*. Paradójicamente, pese a la situación política reinante en el país, algo bueno estaba por ocurrir: la Región Norte o Cibao también conocería el adventismo. Y todo ocurriría en medio de la crisis. A pesar de la ausencia de Charles Moulton aquellos que habían aprendido de él comenzaron a mostrar sus frutos. Wellington Williams, uno de los hijos mayores de la familia que Moulton instruyó en el adventismo, cerca del Ingenio Consuelo, en San Pedro de Macorís, fue uno de esos. Este decidió convertirse en Colportor y continuar la obra que el jamaiquino había iniciado en el país. Wellington era un joven decidido, inteligente y de muchas habilidades. Estas cualidades eran reconocidas por todos. Cuando Moulton se enteró, estuvo confiado en que éste haría una buena labor, a pesar de la situación por la que atravesaba el país.

El ejemplo conmovedor de una familia

Wellington Williams y su esposa Leticia se establecieron en la comunidad de Jababa, Moca. Allí comenzaron a distribuir libros adventistas, y a llevar estudios bíblicos casa por casa. A pesar de las agitaciones políticas en Santo Domingo y otras localidades del país, Jababa parecía una guarida donde fluía un remanso de paz. Ubicada a unos 10 kilómetros al Este de la ciudad de Moca. Jababa era, para ese tiempo, un lugar casi inaccesible. Existía muy pocas carreteras en este lugar. Las gentes en este sitio vivían muy tranquilas. Estaban dedicadas a la agricultura y a sus pequeños negocios. Probablemente esta situación hizo atractivo el lugar para los Williams, razón por la cual se trasladaron allí. La falta de seguridad ciudadana hizo que muchas personas emigraran a los campos.

Leticia Williams. una mujer catalogada como bondadosa, amable y hospitalaria hizo sus primeros contactos misioneros con algunos evangélicos del lugar. Su esposo, por su parte, era un hombre calmado, de voz pausada y convincente, con dote de excelente predicador.

Cuando los Williams llegaron al lugar encontraron un pequeño grupo de evangélicos que se reunían en una pequeña casa de madera. Se llamaban "Los evangélicos de la casita". El nuevo mensaje adventista exhortaba a la observancia del sábado como día de reposo. Muchos se resistían a este nuevo mensaje por diversas causas: algunos por razones teológicas y otros porque entendían que no podían descuidar sus sembrados los sábados. Sin embargo, la amabilidad y el buen ejemplo de cristianismo de los Williams fue más convincente que las palabras y los debates teológicos. Muchas personas, incluyendo algunos de "Los evangélicos de la casita", pronto fueron cautivadas por la amabilidad, la cortesía y el buen trato de esta familia.

Los evangélicos que se convirtieron en adventistas.

A pesar de los desacuerdos teológicos del principio muchos de los evangélicos fueron cediendo a los argumentos relacionados con el sábado y otras doctrinas distintivas del adventismo, presentadas magistralmente por los esposos Williams. Algunos comenzaron a asistir a un grupo para el estudio de la Biblia que ellos dirigían en su residencia. Al principio varios de los evangélicos que asistían allí fueron amonestados por los líderes de su iglesia. Un número reducido dejó de estudiar con los adventistas, mientras otros siguieron; a pesar de la amenaza de expulsión de su iglesia. Una gran parte de ellos decidió no volver a su iglesia y asistir a los cultos adventistas; los cuales se realizaban casa por casa. Los cultos eran rotativos: la familia que quería que en su casa se celebrara un culto, solo tenía que solicitarlo.

La vida cristiana de los esposos Williams, en contraposición al mal ejemplo de algunos, que se hacían llamar "evangélicos", fue decisiva para que muchas personas se convirtieran en adventistas. Varios miembros de la comunidad, que nunca se habían interesado por el evangelio, tomaron su decisión, debido a la influencia de los esposo Williams. ¡Un buen ejemplo de lo que el buen testimonio cristiano puede lograr!

Paulatinamente, el pequeño grupo de evangélicos fue perdiendo fuerzas, mientras que el grupo de simpatizantes adventistas se fortalecía y crecía. Una de las primeras personas en aceptar el adventismo en Jababa, fue Monga García quien era la propietaria de la casa donde se reunían los evangélicos. Monga siempre se había interesado en el evangelio. Por eso acogió a los evangélicos en su propiedad. Sin embargo, nunca tomó su decisión por Cristo a pesar de que asistía a algunos cultos de aquella pequeña congregación. Andrés Guzmán, el hijo de Monga, tomó también su decisión por Cristo en el grupo de los adventistas. La decisión de su hijo motivó aún más a Monga García. En la medida en que más auge tomaba el culto adventista más evangélicos abandonaban las filas de su iglesia para unirse a *"La iglesia de los esposos Williams"*. Algunos de los dirigentes evangélicos también pasaron a la Iglesia Adventista. Los pocos evangélicos que quedaban decidieron irse a otro lugar. La pequeña casita, propiedad de Monga García, pasó a ser ocupada por el nuevo grupo de adventistas. Andrés Guzmán se convirtió en un gran predicador. Monga, su madre, estaba tan motivada por su hijo que se dispuso a conseguir los recursos económicos para enviarlo a estudiar teología y prepararse como pastor adventista. Decidió, para tales fines, vender su propiedad a los nuevos hermanos adventistas. Esta fue una acción muy criticada por algunos residentes del lugar. Algunos opinaban, aun miembros de su propia familia, que Monga no debía vender su propiedad. Sin embargo, ella estaba dispuesta a hacer todo lo posible para que su hijo se convirtiera en pastor.

Los cultos fueron ahora, en el nuevo local, muy concurridos y muchas personas importantes y líderes comunitarios también se daban cita en aquel lugar. La pequeña casita de madera, que antes alojaba a los evangélicos, ahora resultaba pequeña para los adventistas. Una de esas personas importantes de la comunidad fue el comerciante Luis Gómez, quien decidió unirse a la Iglesia Adventista del Séptimo Día. La familia de Luis Gómez, que era muy numerosa; Andres Guzmán, su madre Monga y otras personas de la comunidad integraron el primer núcleo de dicha iglesia.

Así inicio la iglesia adventista de Jababa, Moca, la primera del Cibao y el segundo grupo adventista en ser organizado como iglesia en el país.

En 1924 al pastor Peter Nygaard, aparte de las responsabilidades en Santo Domingo, se le asignó también las iglesias de Jababa y un pequeño grupo que se levantaba en la ciudad de Moca. Tenía también la misión de llevar el adventismo a Santiago, la segunda ciudad más importante del país, y a otras ciudades importantes como Puerto Plata y Valverde Mao.

Más tarde esta iglesia dio inicio a un colegio adventista el cual ha sido testigo de una gran cantidad de pastores y maestros: El Colegio Adventista Salvador Álvarez.

El adventismo en San Francisco de Macorís.

En 1930, Fue enviado a la ciudad de San Francisco de Macorís Eugenio Valencia, quien por su destacada labor como maestro en el Colegio Adventista de Barahona fue nombrado como pastor. Hay que recordar que en aquellos tiempos habían muy poco pastores preparados. El profesor Valencia era un maestro muy preparado. Por tal razón los líderes de la Misión Adventista Dominicana no dudaron en hacerle un llamado como pastor. Su misión, en la ciudad de San Francisco de Macorís, era preparar el terreno para la celebración de la gran campaña que, a mediado del mes de agosto, de ese año, presentaría el pastor Peter Nygaard. Un gran entusiasmo se generó en torno al mensaje adventista en aquella ciudad. Todos esperaban con alegría aquella gran campaña. El pastor Nygaard, quien a la sazón era el presidente de la Misión Adventista Dominicana, estaba igual de entusiasmado con esa campaña. Pues las noticia que llegaba a la ciudad de Santo Domingo sobre lo que estaba ocurriendo allí eran muy alentadoras. Esta campaña estaba pautada para durar un mes.

A mediado del mes de agosto de 1930, dio inicio aquella gran campaña. Una gran cantidad de personas asistían cada noche. Muchos se estaban convirtiendo al adventismo. Sin embargo, a principio del mes de septiembre, a la mitad de la campaña, ocurrió el ciclón San Zenón. Aunque los daños no fueron tan graves en la ciudad de San Francisco de Macorís, en Santo Domingo, como veremos en el capítulo nueve, hubo una gran devastación. El pastor Nygaard tuvo que abandonar la campaña para viajar a la ciudad capital y saber lo que había ocurrido con su familia, la iglesia y las oficinas de la Misión Dominicana.

Pese a este gran inconveniente, el pastor Valencia continuó dirigiendo una serie de estudios bíblicos. Varias personas más se convirtieron.

La casa de tablas donde se reunían resultó pequeña pera la gran cantidad de personas que acudían a los cultos. El pastor Valencia y el pastor Nygaard comenzaron hacer los preparativos para la construcción del templo adventistas en aquella ciudad. Lograron comprar un solar en lo que hoy es la calle 27 de febrero. Con algunos donativos de los feligreses y la ayuda de la Misión Dominicana, se logró construir el primer templo adventista del séptimo día en la ciudad de San Francisco de Macorís. Edificado e inaugurado en 1933.

Referencia bibliográfica
1. Moya Pons, Manual de Historia Dominicana. Página 437.

7

LA LLEGADA DE LÓPEZ MIRANDA Y LA CONVERSIÓN DE JAIME PHIPPS

El 16 de mayo de 1916 dio inicio la intervención militar norteamericana en la Republica Dominicana.[1] En medio del ruido ensordecedor de los aviones, los cañones y las balas, un nuevo nombre se escuchó mencionar: Rafael López Miranda. El intrépido misionero adventista que, pese a la situación de extremo peligro vivida en el país, decidió venir a continuar con la obra que había iniciado Charles Moulton y sus seguidores. Pero, ¿quién era Rafael López Miranda? Era un exitoso misionero nativo de la ciudad de Santurse, Puerto Rico. Se caracterizaba por ser un hombre reconciliador, valiente y decidido. No importaba que fuese civil o militar, tiempo de guerra o tiempo de paz, su misión era llevar las buenas nuevas de la paz, que solo Jesús puede dar.

Este joven y aguerrido misionero, que contaba con 25 años de edad, se unió a la Iglesia Adventista en 1912 y aunque no tenía tanta experiencia en el adventismo, debido a que apenas tenía cuatro años de haberse bautizado, en su natal Puerto Rico había realizado una labor misionera de excelencia. Su efusivo fervor misionero, su coraje y valentía lo llevaron a tomar una decisión de tanto riesgo, como la de venir a este país a pesar de los disturbios y la invasión. Sus sobrenombres de "La Fiera de Santurce", "El Viajero" y "El hombre de Dios" hablaban por si solo de la valentía y de su consagración a la obra misionera. López Miranda era un hijo espiritual del pastor William Steele, presidente, en ese entonces, de la

Misión Adventista Puertorriqueño. Sus grandes éxitos como colportor lo llevaron a ser elegido como director del Departamento de Publicaciones de la referida Misión en 1915.[2]

Miranda y el grupo de la Señora Shenery

La señora Shenery continuaba con su grupo de estudios de la Biblia, paralelo al de Casiano Carrión y al del Ingenio Consuelo. Una gran cantidad de jóvenes y adultos se reunían en la casa de bordados para escuchar las predicaciones de la Señora de San Tomas. Varias personas de habla inglesa vivían en el vecindario de la Señora Shenery y asistían a las reuniones. También varias personas dominicanas asistían a estos estudios bíblicos. Entre esas personas se encontraba una pareja de novios: Jaime Phipps y Mercedes Sanchez.[3] La motivación por el evangelio era mayor en la novia que en el novio. En principio la asistencia de Jaime en aquellos estudios, era sólo para complacerla a Mercedes.

Sin embargo, Lourdes Elena Morales, en su libro "El Viajero" cuenta que Jaime Phipps tenía una hermana adventista llamada Lucia Fuentes en Puerto Rico, la cual trabajaba como obrera bíblica. Estando de visita allí, Mercedes Sánchez fue a visitar a su cuñada y esta le presentó a López Miranda. El misionero, al notar su interés en el estudio de la Biblia, inició una serie de estudios bíblicos con ella. Mercedes le contó sus experiencias en la casa de la Señora Shenery y le refirió sobre su prometido.

Después de aceptar el mensaje adventista en la isla de Puerto Rico, la Señorita Sánchez animó a López Miranda a viajar a Santo Domingo, con la intención de que este convenciera a su novio y compartiera con el grupo de la Señora Shenery lo que le había ensenado a ella. Quizás, "El entenebrecido corazón" de Jaime podría ser iluminado con la presencia del misionero,   -Concluyó Mercedes-. Ella soñaba con ser bautizada junto a su prometido. No obstante, le desalentaba el hecho de que su novio no se interesara como ella en el adventismo. López Miranda nunca había pensado ir a la Republica Dominicana, y menos en la situación política en la que se encontraba este país. Pero la insistencia de la joven lo motivó.[4]

Sabía muy bien lo que estaba pasando en el país. No obstante, su férrea decisión y su valentía juvenil le había enseñado a no temer ante situaciones hostiles. López Miranda no conocía el miedo. Su vida, antes de conocer a Jesús, estuvo caracterizada por las aventuras, los tragos, las parrandas y el libertinaje. El sobrenombre de, "La Fiera de Santurce", dado por sus amigos, hablaba de su valentía y coraje. Estas vivencias parece haberlo inmunizado al miedo y al dolor. Y esto fue muy bien aprovechado después de conocer el evangelio, tomando en cuenta que su trabajo misionero, casi siempre, estuvo enmarcado en situaciones de extremo peligro. Sus experiencias misioneras, tanto en la Republica Dominicana como en Venezuela así lo atestiguan.

Después de la conversión de la Señorita Mercedes Sánchez hizo los arreglos con el pastor Steele para viajar a Santo Domingo y en pocas semanas emprendió su viaje. Para este gran hombre de Dios, este primer viaje misionero, representaba una experiencia sin igual; no solo por el peligro que representaba, sino porque el mismo le abría las puertas a un sinnúmero de viajes y aventuras misioneras. Estos viajes y aventuras hicieron que más tarde se le conociera como "El viajero".

Bajo gran despliegue militar, aisladas luchas callejeras y una atmosfera de tensión y temor; las calles de Santo Domingo eran una verdadera odisea. Las grandes polvaredas que dejaban a su paso los vehículos militares chocaban con el rostro sudoroso del visitante. Su sombrero y traje negro no eran más que una mezcla de polvo y sudor. En tales circunstancias llegó Rafael López Miranda a la humilde casa de la Señora Shenery. Es inimaginable la alegría y la emoción sentida por aquellos fieles estudiosos de la Biblia que allí se reunían. Ellos consideraban aquella morada como un verdadero refugio que, cual arca de Noé, acogía a aquellas personas que, presas del pánico, corrían de un lugar a otro. Para ellos López Miranda era, "Un Ángel enviado del cielo" en el momento más apremiante.

Ahora todas las preguntas bíblicas que la Señora Shenery no podía contestar recibían una acertada respuesta. Para, "La Señora de San Tomas" no podía existir otro huésped más distinguido que éste. Todas las piezas de su rompecabezas, una a una, se iban armando. Nunca antes había aprendido a amar tanto la Biblia como ahora que podía entenderla mejor. El misionero no tardó mucho en conocer personalmente a Jaime Phipps, el prometido de Mercedes Sánchez. Le habló sobre la conversión de Mercedes y el deseo de ella de que también él hiciera lo mismo y pudieran juntos ser bautizados. El joven muchacho, dedicado al oficio de la zapatería, recibió con beneplácito la noticia de su prometida, aunque argüía que no estaba aún preparado para aceptar una decisión tan seria e importante. Sin embargo, la gentileza, la cortesía, la paciencia y la forma didáctica y convincente con que el puertorriqueño explicaba la Biblia; junto a la noticia de que su novia había tomado la decisión de servir a Dios, lo llevaron a reflexionar y a tomar la decisión de aceptar a Cristo.

Una decisión y un feliz reencuentro

López Miranda se interesó en saber sobre la situación de los otros adventistas que evangelizó Charles Moulton. La situación del interior no era tan tensa como en la capital. Por tal razón decidió viajar a esos lugares para animar a los demás creyentes y predicarle a otros. Invitó a Jaime Phipps para que lo acompañara a visitar a sus hermanos en la fe de Mendoza y del Ingenio Consuelo en San Pedro de Macorís. El joven zapatero observaba con emoción como el misionero predicaba las profecías bíblicas, ilustrándolas con figuras y diagramas que él mismo elaboraba. Aunque todavía no había sido bautizado comenzó a acariciar la idea de que algún día sería un gran predicador como este hombre. Tanto los adventistas de Mendoza como los del Ingenio Consuelo fueron muy fortalecidos con la visita de "El viajero".

Jaime Phipps tomó su decisión de ser bautizado y unirse al adventismo. Sin embargo, quería darle personalmente la noticia a su prometida y planificar juntos las bodas y el bautismo. Estaba seguro que su novia se sentiría feliz al saberlo. Con tales pensamientos en mente Phipps viajó a Puerto Rico a encontrarse con su novia. Grande fue la sorpresa de Mercedes al recibir a Jaime y ver cuán diferente estaba después de su aceptación del evangelio. La sorpresa de Lucia, la hermana de Jaime, no fue menor. Mercedes y Lucia se miraron a los ojos evidentemente emocionadas y felices. Después de todo, se dijeron: "Valió la pena convencer a López Miranda de viajar a Santo Domingo".

El pastor Steele, presidente de la Misión Adventista Puertorriqueña ofició el servicio matrimonial en Puerto Rico. Posteriormente ambos fueron bautizados.

López Miranda en el Cibao

Luego de su bautismo, Jaime Phipps reanudó sus aventuras de viajes junto a López Miranda. El misionero estaba en la espera de un compañero suyo, de nombre Bernardo Hernández, que vendría desde Puerto Rico para acompañarlo en sus viajes por el interior del país. Mientras tanto, el joven le acompañaba por la región norte o Cibao. Se enteraron del fervoroso grupo de creyentes que se había levantado en Jababa, Moca, dirigido por los esposos Williams y decidieron visitarlo. López Miranda inició la distribución de libros y literaturas adventistas en varios lugares del Cibao hasta llegar a Jababa, donde se encontró con los esposos Williams y el grupo que funcionaba allí. Los hermanos en la fe le dieron una grata bienvenida a Miranda y a Phipps. A cada paso Miranda se detenía, no solo para presentar los libros, sino para ofrecer y dar estudios bíblicos. Por ser un hombre de muchos conocimientos de la Biblia, dedicó tiempo para instruir a la pequeña iglesia y a otros no creyentes. Esto sirvió de inspiración para su joven compañero Jaime y los esposos Williams.

Cuando López Miranda recibió a su compañero Bernardo Hernández, quien vino de Puerto Rico, ambos decidieron seguir visitando la región del Cibao. Las tensiones, fruto de la intervención militar norteamericana y los conflicto políticos continuaban aun tensas. Las personas eran muy cuidosas en recibir visitantes en sus casas. Tales circunstancias hacían que los colportores durmieran en los montes donde la noche los encontrara.

La doctora Morales cuenta la anécdota que en cierta ocasión López Miranda y su compañero decidieron entrar a una propiedad privada cerca de la ciudad de Santiago, con el fin de solicitar a los dueños algunas porciones de alimentos. Era entrada la noche y nada habían comido. La mula en que ambos iban montados tropezó en la oscuridad con una alambrada. Varios minutos duraron en desenredar la mula y se dirigieron a la casa que a los lejos reflejaba una débil luz. Tocaron a la puerta y a su encuentro vinieron dos hombres armados con machetes en forma amenazante. Al percatarse de que aquellos hombres no representaban peligro alguno lo invitaron a entrar y lavarse los pies antes de cenar. En el interior de la casa notaron que había tres palanganas con agua. Ambos se lavaron los pies sin saber por qué habían colocado tres recipientes de agua, si ellos eran solo dos. Uno de los hombres preguntó dónde estaba el otro hombre, ya que ellos vieron tres forasteros que se dirigían hacia la casa. Sorprendidos, los dos visitantes se miraron uno al otro mientras contestaban que no viajaba nadie más con ellos. Luego de esta experiencia ambos no dudaron que aquel tercer hombre era su Ángel que los acompañaba. Cobró más significado para ellos la cita bíblica que dice: *"El Ángel de Jehová acampa alrededor de los que le temen y los defiende"* [5]

A finales de 1916 Rafael López Miranda decidió regresar a Puerto Rico para emprender viaje a Venezuela. El 15 de mayo de 1922 en un confuso atentado contra su vida murió en la ciudad de Tachira, Venezuela. Alejado de su familia y de su patria pero no así de su Dios, pereció el valiente Miranda, víctima de la intolerancia religiosa; abatido a tiros por una turba de sicarios y mercenarios. "La Fiera de Santurce" cayó herida y murió, pero su gran obra vive y vivirá por siempre.

Jaime Phipps regresa al Cibao.

En 1926, después de haberse preparado como pastor en Puerto Rico, como lo veremos más ampliamente en el capítulo diez, Jaime Phipps regresó a la ciudad de Santiago de los Caballeros a llevar el mensaje adventista. Sintió una gran nostalgia al recorrer los caminos que junto a López Miranda recorrió cuando era un bebe en el adventismo. Los recuerdos de su amigo y su muerte trágica lo agobiaron. Pero una vez más sintió el consuelo del cielo, recordó y renovó el pacto que había hecho con Dios: "Por Jesús y Rafael". Su labor y misión realizada a favor de la obra de Dios, lo haría honrando la memoria de su gran amigo y mentor espiritual. Esto fue una gran motivación para él.

En Santiago de los Caballeros hizo una labor tan especial, que un año más tarde, en 1927, recibió la ordenación al ministerio pastoral. El pastor Phipps ayudó en la formación de varios grupos en la región del Cibao, entre los cuales se encuentran Valverde Mao y Puerto Plata. Pese a su gran labor pastoral no descuido sus estudios.[6] Con el correr del tiempo llegó a ser un gran teólogo. Un profundo conocedor de la Palabra de Dios. Sus grandes sueños, mientras contemplaba emocionado las exposiciones bíblicas de López Miranda en la casa de la señora Shenery y en los lugares donde le tocó acompañarlo, por la gracia de Dios, se habían convertido en realidad.

Bibliografía:

1. *Moya Pons, Frank. Manual de Historia Dominicana, pagina, 470*
2. *E. Morales, Louedes. El Viajero. Páginas, 49,50.*
3. *Valencia, Eugenio. Memoria y Album. Página 24.*
4. *E. Morales, Lourdes. El Viajero. Página 55*
5. *Santa Biblia (Versión Reina-Valera, 1960) Salmo 34:7.*
6. *Valencia, Eugenio. Memoria y Album. Página 25.*

Sección III

ETAPA DE CONSOLIDACIÓN

8

EL REGRESO DE
CHARLES MOULTON

omo dije en el capítulo cinco, En 1911 Charles Moulton y su esposa se vieron compelidos a abandonar el país debido a la inseguridad reinante. Para el 1917 la crisis política en la Republica Dominicana seguía su curso y poco había cambiado, pese al dominio casi absoluto que ejercían los soldados norteamericanos. Para este año los invasores recibieron fuerte oposición de un grupo de campesinos que se organizaron en una guerrilla, para hacerle frente, denominado: "Los Gavilleros".[1]

Sin embargo, la situación de extremo peligro, evidentemente había mermado para esta época. Es posible que la creación de una guardia nacional, en este mismo año, contribuyera significativamente a bajar un poco la tensión. Aprovechando estos momentos de relativa calma, Charles Moulton regresó al país para continuar su eficiente labor de consolidación del adventismo, que había iniciado en 1907. Esta vez vino solo. No quiso arriesgar a su familia.

A su regreso al país recibió una gran impresión al ver el interés por el mensaje adventista que se había generado. Principalmente en la parte Norte del país o región del Cibao. El eficiente trabajo de los esposos

Williams que se habían trasladado de San Pedro de Macorís a la comunidad de Jababa, en la ciudad de Moca y la eficiente, aunque efímera, obra misionera de Rafael López Miranda en aquella región, despertó el interés de la gente en conocer más de Jesús y el mensaje adventista.

Moulton, que no perdía ni un instante en aprovechar las buenas oportunidades que el Señor le brindaba, decidió, esta vez, ir a la comunidad de Jababa, sin olvidar las congregaciones de Mendosa en Santo Domingo, y Consuelo en San Pedro de Macorís, que había ayudado a formar. En Jababa se reencontró con Wellington Williams el cual, como dije en el capítulo 6, era el hijo mayor de los esposos Williams; familia a la cual instruyo en el adventismo en Montecoca, Consuelo. Wellington y su esposa Leticia, al verlo de nuevo, llenos de nostalgia, le dieron albergue en su casa.

En este lugar duró un breve tiempo compartiendo experiencia con ellos, distribuyendo libros adventistas y presentando estudios bíblicos.

Dos grandes encuentros y un glorioso comienzo

Uno de los primeros contacto de Moulton en Jababa lo tuvo con el señor Carlos Guzmán. Según se cuenta, este hombre era un asiduo buscador de la verdad y tal insistencia lo había llevado por varias corrientes de pensamientos, tanto secular como religiosas, hasta conducirlo a las oscuras sendas del ocultismo y la brujería. Carlitos, como le llamaban cariñosamente, se había convertido en un hombre temido por sus creencias. El no solo era un simple practicante del esoterismo, sino un líder destacado de dichas creencias.[2]

En los primeros días de su llegada a esta comunidad mientras distribuía sus libros y literaturas cristianas, Charles Moulton se encontró con Guzmán. Le habló de la Biblia, del plan de salvación y del perdón de los pecados. Esto despertó su interés. Iniciaron una serie de estudios de la Biblia y Carlos Guzmán optó por tener su propia Biblia para estudiarla por sí solo. Todas sus interrogantes eran contestadas por Moulton. Poco a poco fue aceptando las enseñanzas del adventismo. No obstante, los malos espíritus no estaban en la disposición de dejarlo escapar y fue azotado hasta que una noche sintió que lo asfixiaban. Se tiró de la cama y oró al Señor. Esta oración de fe le ayudó a ganar la victoria y nunca más fue molestado por los malos espíritus. Desde ese momento Guzmán se entregó al Señor y a la fe adventista.[3] En 1921 fue organizada formalmente como iglesia. Más tarde, después de haberse formado la Misión Dominicana, Carlos Guzmán fue enviado como pastor a la región Este del país.

Otro gran encuentro de Moulton fue con Luis Gómez, un conocido y destacado comerciante agrícola de dicha comunidad. Tal vez la conversión de su madre al adventismo fue lo que lo motivó. Sin embargo, su mayor influencia probablemente la obtuvo de un libro adventista que llegó a sus manos titulado: "El Rey Viene". La forma como llegó este libro a sus manos no es sabida; quizás a través de un amigo que lo obtuvo del misionero López Miranda. Lo que sí se sabe es que la providencia de Dios lo permitió y el Espíritu Santo hizo su labor. Fue tan grande el impacto que le ocasionó este libro que Luis Gómez no pudo resistir el deseo de compartirlo con su familia y sus amigos. Convirtiéndose de ese modo en un mensajero del adventismo sin saberlo.

Fue muy grande la alegría que Moulton y Gómez sintieron al encontrarse. Por un lado uno que sentía el gozo de saber que Dios estaba dirigiendo poderosamente, en este lugar, su obra y por el otro, uno que al fin pudo encontrar a alguien que le abundara más de lo aprendido y pudiera contestar el montón de preguntas acumuladas en su mente. La alegría de la madre de Luis Gómez no tuvo comparación al ver ingresar al adventismo a su hijo y a un grupo numeroso de su familia. Dios hizo una gran obra, sin dudas.

Enfermedad y muerte de Charles Moulton

Charles Moulton fue un gran misionero adventista. Los que tuvieron la oportunidad de conocerlo lo describen como un hombre de oración, de finos tratos con todos y de gran integridad cristiana. Sus predicaciones eran siempre muy importantes y elevadoras pues era muy cuidadoso en la elaboración de sus sermones y sus estudios bíblicos. Era además un buen cantante que sabía combinar muy bien sus predicaciones con sus cantos.

En el año 1927, mientras trabajaba en San Pedro de Macorís,

comenzó a sentirse aquejado por una enfermedad que los médicos dominicanos, de ese entonces, no pudieron diagnosticar y tratar con éxitos. Sin embargo, en medio del dolor y el sufrimiento, Moulton continuaba su eficiente labor misionera. En medio de su enfermedad mantenía su confianza en Dios, decía que, si era su voluntad, Dios lo sanaría.[4]

Al no conseguir su mejoría, y siendo que su enfermedad le afectaba cada día más y más, decidió viajar a su país natal, Jamaica, para conseguir algunos tratamientos. Sin embargo, pese a todo el gran esfuerzo y su gran deseo de vivir Moulton, el incansable misionero adventista, murió en 1928 en su Jamaica natal. Contaba con 53 años de edad.

Charles N. Moulton siempre será recordado por los adventistas dominicanos como un fiel soldado de la oración, un ferviente misionero y el gran propulsor del adventista en este país.[5]

Bibliografía:

1. *Moya Pons, Frank. Manual de Historia Dominicana, página 477*
2. *Valencia, Eugenio. Momorias y Album, página 30.*
3. *Ibis, página 38*
4. *Ibis, página 42*
5. *Ibis, página 42*

9

EDIFICACIÓN DEL PRIMER TEMPLO ADVENTISTA.

El gran movimiento adventista se consolidaba, tanto en la Republica Dominicana como en Puerto Rico. Las decisiones tomadas por los organismos mayores de la iglesia, con su sede en la vecina isla, incidía de una manera directa en este país. No obstante, estoy convencido que dichas decisiones no eran el fruto de obstinadas opiniones contextualizadas dentro de pareceres y procedimientos humanos, sino la dirección de Dios. Esto se puede percibir al contemplar los resultados.

La situación de relativa calma en la Republica Dominicana, después de la invasión militar norteamericana, fue muy bien aprovechada por los líderes de la Misión Adventista Puertorriqueña para proseguir motivando la obra adventista en este país.

Llegada de los pastores Casebeer y Megrand

En 1917, el mismo año del regreso de Charles Moulton fue enviado al país al pastor Homer David Casebeer quien era un pastor ordenado de mucha experiencia. Este vino acompañado de Francisco Megrand como su ayudante. Ambos se encargarían del fortalecimiento y la posterior organización de la primera Iglesia Adventista del Séptimo Día de la Republica Dominicana, en la ciudad de Santo Domingo: la iglesia de la Avenida Mella.[1] A su llegada Casebeer y Megrand se pusieron en contacto con Casiano Carrión y su grupo. Estos se alegraron mucho al tener dos pastores que les ayudarían en su deseo de profundizar sobre la fe adventista. Ahora podrían celebrar bautismos constantemente y otras ceremonias que requerían de la asistencia de un pastor ordenado. -En la iglesia adventista los bautismos, las bodas y otras ceremonias importantes solo pueden ser efectuadas por un pastor ordenado-.

El pastor Casebeer se mudó en el sector de Mendosa y abrió las puertas de su casa para la celebración de reuniones, ya que la humilde casita de Casiano Carrión, no daba abasto para la gran cantidad de personas que se añadían cada día a los cultos. Este gran interés los llevó a pensar en arrendar o Alquilar un local más amplio para sus reuniones. Sin embargo, no les resultó fácil conseguir dicho local. El Pastor Valencia en sus memorias escribió: *"Buscaron aquí y allá quien quisiera alquilar un salón, pero no lo encontraban. Algunos con prejuicios religiosos se negaban sabiendo que era una iglesia protestante"*.[2]

No obstante, después de tanto buscar encontraron un local en el segundo nivel de una casa en la calle 19 Marzo, cerca de la antigua Cuidad Colonial. Aunque la distancia, entre el sector de Mendoza y este, era mucha, pues no encontraron un lugar más cercano como era su propósito, con gran entusiasmo comenzaron a reunirse allí y el grupo crecía cada vez más. Muchos vecinos del lugar, atraídos por la curiosidad, otros por los cantos y algunos sin saber por qué, comenzaron a asistir a las reuniones. De una u otra forma Dios estaba dirigiendo todo. A mediado de 1918 el grupo fue organizado y pasaron a ser el primer grupo de creyentes adventistas organizados como una iglesia en la Republica Dominicana.

A pesar de tener un nuevo centro de adoración y ser ya una iglesia organizada, los que allí se reunían, no dejaban de ir al sector de Mendoza, en donde, cada sábado por la tarde, realizaban una escuela sabática filial en la casa de Casiano. Así daban seguimiento a los interesados del sector que, por una causa u otra, no podían asistir a los cultos en su nueva ubicación.

Su forma de adoración.

En cuanto a la forma de adoración de estos primeros adventistas, se destaca su predilección por los cantos y los himnos. Esto era lo que constantemente atraía a las personas; pues aquellas voces melódicas que salían de aquella casa inundaba de música y alabanzas varias cuadras a su alrededor. En aquellos días no tenían himnario en español. Los sábados usaban un pequeño himnario publicado por la Casa Publicadora Adventista Sudamericana que contenía 128 himnos. Para las reuniones del domingo por la noche usaban un himnario evangélico que contenía gran variedad de himnos.[3] Aunque lograron conseguir un pequeño órgano portátil de pedal, para el acompañamiento, aparte del acordeón de Casiano Carrión, que los tocaba magistralmente, sus instrumentos ineludibles eran sus voces. Casi todos los que se reunían en aquel lugar tenían el buen talento del canto. Muchos habían abandonado los cantos populares para alabar a Dios con sus lindas voces.[4]

Llegada del pastor Peter Nygaard

A principio de l919 los pastores Casebeer y Megrand fueron llamados de vuelta a servir en Puerto Rico. El pastor Casebeer, llegó a ser el presidente de la Iglesia Adventista en las dos islas.

A mediado de ese mismo año 1919, el pastor Peter Nygaard fue enviado a la Republica Dominicana para dar continuidad a la labor emprendida por su ahora jefe inmediato.[5] La designación del pastor Nygaard, un hombre visionario, altamente misionero y trabajador incansable, conjuntamente con algunas ayudas económicas indispensables, fue una gran muestra del apoyo que el pastor Casebeer continuó brindando a esta iglesia, ahora desde su posición ejecutiva.

El pastor Peter Nygaard, de origen noruego, conoció el mensaje adventista en su niñez, lo que le ocasiono serias dificultades familiares. No obstante, su ferviente fe, perseverancia y amor a Cristo lo condujeron a la victoria contra las pruebas y las dificultades. Siendo un jovencito logró trasladarse a Dinamarca donde se desempeñó como enfermero del hospital Adventista Skodburg.[6] En 1913, contando con 20 años de edad, viajó a los Estados Unidos y trabajó en el famoso Sanatorio Adventista de Battle Creek, Michigan. Su ardua labor mereció el pronto reconocimiento de todos los empleados y médicos de dicho sanatorio. Su gran anhelo siempre fue ser un gran misionero. Pronto fue enviado por el administrador del sanatorio a la isla de Puerto Rico atendiendo un pedido del presidente de la industria azucarera de dicha isla, quien había pedido al hospital algunas asistencias médicas para sus empleados. El Doctor J. E Morse había sido enviado tiempo antes. Al necesitarse un buen ayudante para el doctor Morse, ninguno más calificado que el joven Peter Nygaard. Fue así como logró su gran sueño de ser misionero.

Durante su labor como enfermero en la isla borinqueña conoció a Elena Richard: una joven compañera de trabajo que lo impactó. Se unieron en matrimonio en 1915. Nygaard inició una serie de estudios bíblicos muy cerca de su lugar de trabajo. Allí dio inicio a una escuela sabática filial, que dio origen a una nueva iglesia.

Su gran fervor y entusiasmo misionero mereció el reconocimiento de los dirigentes de la Misión Adventista Puertorriqueña, quienes lo llamaron a formar parte del ministerio de la iglesia como pastor. Cuando el pastor Casebeer fue llamado a ocupar la presidencia de la Misión Puertorriqueña, una de sus primeras responsabilidades fue enviar a Santo Domingo un sustituto que diera continuidad a la loable labor que había emprendido. No dudó ni un instante en considerar que el pastor Nygaard era el hombre clave para dicha misión. De modo que no vaciló en enviarlo. Pronto los grandes frutos de la labor del pastor Peter Nygaard se dejarían ver en la hermosa tierra de Quisqueya.

La edificación del Templo (1921)

La humildad del pastor Nygaard, su buen tacto y convicción del mensaje que predicaba permitió que muchas personas se convirtieran en adventistas. Pronto el salón ubicado en la calle 19 de Marzo, donde aún se reunían los familiares de Casiano Carrión y otros procedentes de Mendoza, así como de otras partes de la ciudad de Santo Domingo, resultó pequeño. Lograron conseguir un solar en la Avenida Capotillo que más tarde se conocería como Avenida Mella.[7]

Los planes para el inicio de este primer templo comenzaron a realizarse en 1920. El pastor Nygaard fue su más asiduo propulsor. A pesar de los pocos recursos económicos Dios prosperó notablemente este gran proyecto. La construcción le fue dada, originalmente, a un constructor alemán, pero este, según narra el pastor Valencia, no cumplió con su responsabilidad, viéndose el pastor Nygaard en la obligación de contratar a otro constructor que agilizara los trabajos.

Fue así como en 1921 dicho templo fue inaugurado y dedicado a Dios, en medio de gran alegría y llantos de agradecimiento al Señor por parte de la hermandad que allí comenzaría a reunirse.[8] En el segundo nivel de este templo se alojarían, más tarde, las oficinas de la Misión Adventista Dominicana.[8] Cuando fue inaugurada, en 1924, el pastor Peter Nygaard fue su director misionero; cargo que desempeñó al mismo tiempo que atendía dicha iglesia. Más tarde en 1927, fue elegido como presidente de dicha misión.[9] Pese a su nueva responsabilidad, siempre se mantuvo como pastor de la iglesia de la Avenida Mella.

El Ciclón San Zenón

El 3 de septiembre de 1930, la Republica Dominicana fue azotada por el temible huracán o ciclón San Zenón. Con vientos sostenidos de 250 Km/h, este huracán, de categoría cuatro, seria recordado como uno de los más devastadores de toda la historia de este país. La destrucción fue mayor porque las edificaciones, de aquel entonces, eran muy vulnerables. Según la Enciclopedia Wikipedia a su paso dejó un camino de destrucción de 32 Km de ancho con más de 8,000 personas muertas en todo su trayecto por el Caribe.[10]

El templo de la avenida Mella, donde también funcionaban las oficinas centrales del adventismo en el país, fue totalmente destruido. Miles de personas quedaron sin hogares y los adventistas sin lugar de adoración. Los miembros que lloraban de felicidad al ver su templo inaugurado en 1921, nueve años después, lo hacían de impotencia y tristeza al ver su edificación vuelta un motón de escombros.

El pastor Nygaard, que para el momento del Ciclón se encontraba presentando una campaña evangelística en San Francisco de Macorís, llegó como pudo tres días después a Santo Domingo. Testigos afirmaron que cuando llegó a la ciudad, la devastación era tan grande, que no encontraba la ubicación del templo ni la de su casa. Como habían invasores pescando en mar revuelto, el pastor Nygaard reunió a un grupo de fieles y con restos de maderas cercaron todo el lugar y salvaron la propiedad de la iglesia.

Los miembros de la iglesia comenzaron a buscar donativos para levantar de nuevo el edificio. Primero lo hicieron de los restos de tablas y luego buscaron ayuda de los organismos mayores de la iglesia. Sin embargo, las ayudas no fueron suficientes. Para poder reunir los fondos para la reconstrucción tuvieron que vender la mitad del solar y construir en la parte derecha del mismo. Así pudieron construir un templo más espacioso aunque de un solo nivel. Este nuevo templo fue inaugurado en 1932.

Los últimos años del pastor Nygaard

En 1935 el pastor Peter Nygaard fue llamado a servir como presidente de la Misión del Salvador. Más tarde fue también presidente de la iglesia adventista en Costa Rica. En 1950, ya cansado con la obra administrativa, renunció al cargo de presidente y pidió ser colocado como pastor de iglesia. En 1965, se acogió a los beneficios de la jubilación. Vivió sus últimos años en California, Estados Unidos. Le afectó mucho la muerte de su esposa Elena. En 1977, murió el pastor Peter Nygaard; aquel gran hombre de Dios. Sirvió a la iglesia por 52 años, un record entre los pastores adventistas. El adventismo del séptimo día en la Republica Dominicana le debe mucho a este hombre. Solo Dios le podrá pagar.

Bibliografía

1. Valencia. Eugenio. Memorias y Álbum. Página 26.

2. Ibis. Página 27

3. Ibis. Página 29

4. *Ibis. Página 29*

5. *Christian, Dionisio. En las manos del Todopoderoso. Páginas, 12,13.*

6. *Ibis. Página 15.*

7. *Valencia, Eugenio. Memorias y Álbum. Página 43*

8. *Ibis. Página 47*

9. *Ibis 61*

10. *https://en.wikipedia.org/wiki/1930_Dominican_Republic_hurricane*

10

EL PRIMER PASTOR DOMINICANO E INICIO DEL ADVENTISMO EN EL SUR

La buena obra de Rafael López Miranda continuó a pesar de su muerte. Su hijo espiritual Jaime Alejandro Phipps Rodríguez, pronto se convertiría en un notable predicador adventista. Su ferviente deseo de predicar las buenas nuevas que había recibido lo llevó a considerar la idea de prepararse para el ministerio pastoral. Cuando en 1920 se hizo necesario la preparación de ministros adventistas, la Misión Puertorriqueña decidió abrir la Academia Adventista de Aibonito. Hacia allá se dirigieron Jaime y Mercedes. En este centro educativo, mientras estudiaba, Jaime fue nombrado como preceptor del internado de varones y Mercedes, su esposa, del de señoritas. Sus estudios y la experiencia de trabajar con jóvenes lo fueron capacitando para realizar la obra que anhelaba. A pesar de que no tenía una gran preparación académica puso gran empeño en sus estudios y, por la gracia de Dios, logró ser un estudiante destacado.

En 1922, dos años más tarde de haber ingresado en la Academia Adventista de Aibonito, fue llamado para ser ayudante del pastor Nygaard en la iglesia donde fue miembro, la primera iglesia adventista de la ciudad Santo Domingo, en la entonces avenida Capotillo, hoy avenida Mella.

Justamente en el momento de trasladarse a Santo Domingo recibió la triste noticia de la muerte trágica de su mentor espiritual Rafael López Miranda. Aquella noticia lo entristeció tanto que estuvo al borde de la depresión. Se aferró a la Palabra de Dios y a la promesa de la resurrección. Muchas interrogantes sin respuestas surgían en su mente: ¿Cómo alguien pudo hacerle daños a un hombre que no le hacía daños a nadie? ¿Cómo Dios permitió eso? Apretó fuertemente sobre su pecho su Biblia y con lágrimas en los ojos susurró: "Por Jesús y por Rafael". Prometió ser leal a Dios y en honor a su amigo hacer que la Palabra de Dios, "Brille en todos los rincones de mi amada Republica Dominicana".

Jaime Phipps y Manolo Martínez

Permítame volver un tiempo atrás. Antes de tomar su decisión por el ministerio pastoral Jaime Phipps se dedicó a predicarle a sus amigos y compañeros zapateros. Entre sus compañeros de labores se encontraba Manolo Martínez, con el cual Jaime quiso compartir el evangelio. No obstante, Manolo no era un hombre común. Sus experiencias ocultistas y su apego al satanismo lo habían llevado a ser catalogado como un hombre temible y peligroso. Sus compañeros desconfiaban de él y casi no contaba con amigos. Sus creencias espiritistas lo habían aislado. Aun su esposa lo había abandonado, marchándose a Puerto Rico.

Refiriéndose a Manolo Martínez, el Pastor Casabeer, en un artículo de su autoría publicado en la Revista Adventista en 1923, citado por el pastor Valencia, del cual hice mención anteriormente, dice: *"Manolo había llegado a obedecer las órdenes de los espíritus como un incapaz esclavo. Aunque era por naturaleza un hombre de gran entereza mental, no se atrevía rehusar el ir o venir según el llamado de los demonios. Entre las cosas tontas que ellos le ordenaban era, no hablar una sola palabra a nadie en tiempo de Navidad... pero él temía desobedecer al demonio que ejercía control sobre él, y así pasó todo el día, solo en el patio de su casa la cual estaba cerrado con una verja alta"*.[1]

La insistencia de Jaime y la influencia de Dios hicieron que Manolo considerara la posibilidad de entregarse a Cristo. Sin embargo, a diferencia de otros, no le sería tan fácil. Manolo tendría que enfrentar una terrible lucha con los espíritus que lo atormentaban, los cuales no lo querían dejar escapar. Fue una lucha terrible. Sin embargo, él no estaba solo en este conflicto. El poder de Dios le ayudó a vencer.

Ni siquiera el olor a pólvora, fruto de la guerra civil que se vivía en el país, como consecuencia de la invasión militar norteamericana, se esparció tan rápidamente como la noticia del arrepentimiento de Manolo Martínez. Muchos solo pudieron convencerse al ver los frutos de su conversión. Aun su ex esposa que recibió la noticia en Puerto Rico no lo podía creer. Sin embargo, su entrega al Señor y al adventismo fue real. Su testimonio hizo tan grande impacto que muchos comenzaron a considerar en serio las predicaciones de los adventistas.

Mucho más emocionante fue cuando su ex esposa regreso de Puerto Rico a reconciliarse con su esposo. Fue un acontecimiento insólito y muy emotivo. Muchos de sus vecinos que fueron testigos del maltrato que, influenciado por los malos espíritus, le proporcionaba Manolo a su esposa, no podían creer lo que sus ojos contemplaban. En verdad este hombre había sido transformado. Ni aun en sus tiempos de galanteos y enamoramiento se había visto a esta pareja tan enamorada y tan unida como ahora. Solo el poder de Cristo puede hacer una obra tan especial.

La esposa de Manolo no tardo mucho tiempo en aceptar el evangelio y ambos fueron bautizados. Grande fue el fervor de ellos en predicar de su experiencia. Con frecuencia se les veía con la Biblia en sus manos presentar estudios de la Palabra de Dios y testificar del evangelio. Es posible que la conversión de Manolo Martínez y su esposa motivaran a

Jaime Phipps a dedicar su vida entera a la predicación del evangelio.

El adventismo llega al Sur

Con el deseo de compartir el mensaje adventista en la región Sur del país, Manolo Martínez decidió trasladar su zapatería a la ciudad de Azua, donde logró fundar un grupo de estudios biblicos. Más tarde, en 1922, por recomendación del pastor Nygaard, trasladó su zapatería a la ciudad de Barahona. Al enterarse de que se había interesado en predicar en el sur le recomendó ir a esta ciudad para atender un pedido especial.

Un líder comunitario de la ciudad de Barahona, de nombre Manuel García, llegó a Santo Domingo en busca de la iglesia adventista. Algunos haitianos del lugar estaban predicando el mensaje del adventismo y muchas gentes se estaban interesando. Estos haitianos habían venido recientemente de su país y allá se habían convertido al adventismo. Aunque Manuel García no era adventista le parecía interesante lo que estos extranjeros predicaban. Pensó que en vista de que ellos dominaban poco el español sería importante que alguien pueda predicarle a muchas gentes interesadas aquí, en el idioma español. Supo de la existencia de una iglesia adventista dominicana en la capital y hacia allá se dirigió. Su propósito era aprender más de esta doctrina e invitar a que vinieran a su cuidad y predicarle a sus gentes en su idioma natal. Para Manuel García fue una alegría inmensa encontrarse con el pastor Peter Nygaard, recibir algunas instrucciones y la promesa de enviar un predicador. Fue por esta razón que invitó a Manolo Martínez a ir a la ciudad de Barahona. Después de poner su taller de zapatería allí se dedicó a predicar incansablemente, logrando gran interés entre los habitantes por el mensaje que predicaba junto a sus hermanos haitianos. Aun las personas que iban a su negocio recibían el mensaje. Al frente colocó un letrero que decía: *"Cerrado los sábado por obediencia a la ley de Dios, Éxodo 20:8-11"*.

Al enterarse más tarde de lo que estaba pasando allí, el pastor Peter Nygaard se dirigió personalmente a aquel lugar. Se sorprendió al contemplar la gran labor que Manolo Martínez, junto a los hermanos haitianos, estaban realizando en Barahona. Era mucho más de lo que había escuchado. Decidió dirigir una campaña de evangelismo donde muchos moradores conocieron al Señor Jesús y otros fueron confirmados en su fe adventista, entre ellos Manuel García.

Cuando Jaime Phipps regresó desde Puerto Rico, donde se preparaba para el ministerio pastoral, como lo dije al principio de este capítulo, lo enviaron como ayudante del pastor Nygaard en la iglesia de la Avenida Mella. Para el pastor Nygaard fue una gran satisfacción contar con la presencia del primer pastor dominicano, como ayudante suyo. Este sería de gran bendición por ser conocedor de las costumbres y cultura dominicana. Por tal razón lo envió a Barahona para que continuase con el avance de la obra adventista en esta ciudad.

Jaime Phipps y su esposa se sorprendieron al enterarse de la gran obra que Manolo estaban realizando en la ciudad de Barahona. Sin embargo, mayor fue su sorpresa, cuando el pastor Nygaard decidió enviarlo allí para darle la mano a su hijo espiritual en la formación de la iglesia de Barahona, que en ese tiempo era un pequeño grupo.

Mientras el pastor Phipps predicaba junto a Manolo y el pequeño grupo de creyentes adventistas, Mercedes Sánchez ponía los cimientos del Colegio Adventista, que más tarde sería uno de los baluartes del adventismo en aquella ciudad sureña.

Tan rápido fue el crecimiento, que en 1924 fue organizada la Iglesia Adventista del Séptimo Día de la ciudad de Barahona; convirtiéndose en la tercera iglesia en ser organizada en la Republica Dominicana. En ese mismo año se inició la edificación de su templo. Las dos familias: la de Jaime y la de Manolo disfrutaban al máximo el trabajo que realizaban. Nunca llegaron a pensar que el Señor los uniría para la realización de una labor tan especial como la que realizaban en esta ciudad de Barahona.

El adventismo llega a San Juan de la Maguana.

San Juan de la Maguana es una de las ciudades más importantes de la región sur de la Republica Dominicana. Por sus grandes producciones de habichuela y otros granos se le llama: "El granero del Sur"

¿Cómo llegó el adventismo a esta ciudad? Se cuenta que el señor Ganoas Galvá llegó desde San Juan de la Maguana a la ciudad de Santo Domingo. Se quedó a vivir un tiempo en casa de unos familiares que vivían próximo a la avenida Mella. Allí formó varios amigos, algunos de los cuales lo motivaron a asistir a la iglesia. Al principio se resistía pero finalmente aceptó la invitación. Se sintió muy a gusto asistiendo a la iglesia y ahora era él quien arrastraba a sus amigos. Allí conoció al pastor Nygaard con quien estableció una buena relación de amistad. Comenzó a estudiar la Biblia y más tarde decidió hacerse miembro de la iglesia. Galvá, desde el principio, sintió pasión de predicar la Palabra de Dios. Le comunicó al pastor Nygaard su deseo de predicarle a sus familiares y amigos en San Juan de la Maguana. Recibiendo la aprobación del pastor se trasladó a su ciudad natal. Allí comenzó con entusiasmo la predicación del mensaje adventista.

Meses más tarde el pastor Peter Nygaard recibió una carta de Ganoas Galvá, dándole las buenas noticias que había un buen grupo de personas que se reunían en su casa y algunos estaban listos para unirse a la iglesia por medio del bautismo. El pastor Nygaard inmediatamente hizo los preparativos y viajó a la ciudad de San Juan de la Maguana. Llegó un viernes por la noche y se quedó a dormir en la casa de Galvá. Al día siguiente, sábado por la mañana, once personas fueron bautizadas. Este bautismo puso los cimientos para el inicio del adventismo en esta ciudad.

El ministerio de Jaime Phipps

Cuando el pastor Nygaard pasó a ser presidente de la recién creada Misión Adventista Dominicana, en 1924, Jaime Phipps pasó ser el director del departamento de evangelismo de dicha Misión. Función que ejercía mientras era pastor en la región Norte o Cibao. En 1937 fue a la iglesia adventista de San Pedro de Macorís. Después de algunos años los dirigentes adventistas con sede en Puerto Rico aprobaron hacer un intercambio de pastores entre Cuba, Puerto Rico y la Republica Dominicana. De esta forma el pastor Phipps pasó a trabajar en la Misión Adventista Puertorriqueña como pastor de varias iglesias. No obstante, nunca se olvidó de sus hermanos en la fe y sus iglesias de la Republica Dominicana. Cada vez que podía, venía a su país y se deleitaba en predicar en las iglesias que había ayudado a fundar.

En 1950 el pastor Jaime Phipps Rodríguez murió aquejado de una enfermedad cardiaca. La obra adventista en la Republica Dominicana perdía a un hombre abnegado en el trabajo misionero, fiel a los principios del gran mensaje adventista. Jaime Alejandro Phipps Rodríguez, nuestro primer pastor dominicano ordenado y el primero en salir a otro campo, bajaba a la tumba, después de colaborar fielmente en la proclamación del mensaje adventista por unas tres décadas. Tenía, al tiempo de su muerte, 63 años de edad.

---

1. *Valencia, Eugenio. Memorias y Álbum, página 51*
2. *Ibíd., página 56*

11

ORGANIZACIÓN DEL ADVENTISMO EN INTERAMERICA, EL CARIBE Y LA REPÚBLICA DOMINICANA

L a historia del adventismo en Puerto Rico, como lo he dicho ya, tuvo su incidencia directa en la Republica Dominicana. Fue desde allí que llegó Charles Moulton, el primer misionero a esta tierra.

El 25 de julio de 1898 es la fecha histórica más importante de la iglesia adventista en la isla borinqueña; en esta fecha llegó David Traill, primer misionero, quien esparció el mensaje adventista allí.[1] Después de algunos años, en el 1909, fue organizada la Misión Adventista Puertorriqueña, siendo la República Dominicana parte de su radio de acción. Los demás campos misioneros fueron organizados en el siguiente orden:

En 1922 fue organizada la División Interamericana, con 221 iglesias y 8,146 miembros.[2] -Una división, dentro del organigrama adventista, comprende una área geográfica del globo terráqueo-. La División Interamericana comprende todos los países Centroamericanos e incluye México, Colombia, Venezuela, las Antillas mayores y algunas menores.

Un año después, en 1923, fue organizada la Unión Adventista Antillana. -Una Unión abarca un conjunto de iglesias dentro de una división, en una área geográfica especifica-. La Unión Antillana abarcaba todos los países de las Antillas mayores, incluiyendo las Bahamas, es decir: las Bahamas, Cuba, Jamaica, Puerto Rico, Haití y la Republica Dominicana. Esta Unión se organizó con 102 iglesias, con un total de 4,000 miembros, de los cuales 2,000 pertenecían a Jamaica y unos 700 a Haití. El resto; es decir 1,300 pertenecía a las Bahamas, Puerto Rico y la República Dominicana. Como se puede observar, el crecimiento del adventismo en estos últimos países ocurrió de manera paulatina.

Fue en ese mismo año de su organización, 1923, que la Unión Adventista Antillana envió al pastor William Steele para hacer los estudios de lugar y los preparativos para lo que sería la organización de la Misión Adventista Dominicana. Esta Misión, bajo la sombrilla de la Unión Adventista Antillana, atendería exclusivamente las iglesias adventistas en este país. El pastor Steele le dio fiel seguimiento al desarrollo de la obra adventista en la República Dominicana desde el momento que el mismo celebró el primer bautismo en 1910. Desde 1909 hasta 1920 había sido presidente de la Unión Antillana, desde donde había dado notable apoyo al avance del evangelismo. Nadie estaba más calificado que él para hacer tales evaluaciones.

Organización de la Misión Adventista Dominicana

Para algunos analistas la llegada del año 1924 auguraba época de paz, de esperanza y bienestar. Atrás había quedado la humillación, la casi desintegración de una nación que apenas sobrevivió a las barbaries y subyugación fruto de la gran crisis política y una cuestionada intervención militar norteamericana de casi ocho años. El 1924 se miraba con optimismo. Por primera vez, después de muchos años, la República Dominicana contaba con un cuerpo militar dominicano, dirigido por dominicanos, los partidos políticos se habían reorganizado y la bandera dominicana volvió a flotar con toda libertad. Una gran expectativa reinaba en torno a las elecciones presidenciales que a principio de 1924 se celebrarían. La nación dominicana había rebasado una de las peores crisis de toda su historia.[3]

El 1 de enero de 1924 no solo se celebraba la llegada de un nuevo año sino la inauguración de una nueva etapa; no solo en el ámbito político, social y económico del país sino también en el seno del adventismo del séptimo día. La libertad que se respiraba no solo era una libertad política. Evidentemente que, en este país, estaba también llegando la libertad que solo Cristo puede dar: la libertad del pecado.

Cientos de dominicanos habían comenzado a experimentar esa libertad en Cristo. Muchos estaban recibiendo el mensaje adventista. La apertura de la Misión Adventista Dominicana no solo abrió un nuevo capítulo en la historia del adventismo en este país, sino que marcó una nueva etapa de grandes desafíos. Pese a todo, la dirección de Dios se dejó ver en cada paso. Las grandes victorias que han convertido a la Iglesia Adventista del Séptimo Día en una de las denominaciones religiosas más grande de este país es una muestra palpable.

Es indudable, como dije en la introducción de este libro, que Dios mismo prepara el camino para que su mensaje pueda expandirse y triunfar. Muchas veces las mismas crisis sirven de caldo de cultivo. La apertura de una época de paz y soberanía, a partir de 1924, que dio paso a la organización de la Misión Dominicana muestra que el Señor mantiene el control de las naciones. La cita de la señora Elena G. de White quiero volver a repetirla: *"Un estudio cuidadoso de cómo se cumple el proyecto de Dios en la historia de las naciones y en la revelación de una de las cosas venideras, necesitan un cálculo en su verdadero valor de las cosas que se ven y las que no se ven, y comprenden lo que es el verdor objetivo de la vida ".*[4]

A finales de 1923 ya todo estaba listo y solo se esperaba el 1 de enero de 1924, el día de año nuevo, para que la Misión Adventista Dominicana fuera organizada. Finalmente llegó el día histórico para el adventismo. Aunque la concurrencia no fue muy grande, pues apenas habían dos iglesias organizadas y 147 miembros en todo el país, la alegría y sobre todo la presencia del Espíritu Santo fue notable. Los primero dirigentes elegidos en esa ocasión fueron:

- Presidente: pastor William Steele,
- Tesorero: Luis Retif.
- Director de Jóvenes: Fernando Brito
- Director de Actividades Laicas: pastor Peter Nygaard.[5]

Como ya lo había dicho en este mismo año 1924, fue organizada la iglesia adventista de Barahona, siendo la tercera organizada en el país. Convirtiéndose en la primera organización de iglesia efectuada por la recién formada Misión Adventista Dominicana.

A principio de 1926 se hicieron algunos reajustes en la dirigencia de la Misión Adventista Dominicana porque el presidente, pastor William Steele, fue enviado por los organismos mayores de la iglesia a Venezuela a dirigir una misión. Fue elegido en su lugar el pastor C.V. Achenback. También el tesorero Luis Retif fue a los Estados Unidos; Byrd Bullard fue elegido en su lugar.

En febrero de 1927 fue efectuado el primer congreso trienal de dicha misión. Para ese entonces existían ya seis iglesias organizadas. En dicho congreso fue elegido el pastor R J. Sype presidente. El pastor Svpe aceptó el cargo pero, por causas ajenas a su voluntad, no pudo llegar al país. A raíz de esta situación el adventismo en el país permaneció sin presidente o superintendente, como se le llamaba en ese entonces, por casi un año. Hasta que a finales de 1927 se nombró al pastor Peter Nygaard.[6]

Presidentes de la Misión Adventista Dominicana

hasta su reorganización en 1963

1. William Steele ……………………………………………....1924-1926
2. CV Achenback……………………………………………...1926-1927
3. Peter Nygaard……………………………………………......1927-1936
4. RG Jones ………………………………………………….....1936-1938
5. Frederick W. Miller…………………………………….....1938-1941
6. H.H. England…………………………………………….….1941-1943
7. Harold G. Brown………………………………………....1943-1946
8. A. R. Sharman…………………………………………....1946-1948
9. Samuel Weiss……………………………………………1948-1950
10. Valentín Schoen …………………………………….…1950-1952
11. G. E Ruf…………………………………………………1952-1956
12. Alvin J. Stewart………………………………………...1956-1961
13) Gabriel Castro…………………………………………..1961-1963

Orden en que fueron organizados los campos misioneros Adventistas con incidencia en la República Dominicana

El orden de organización de los campos misioneros Adventistas que tuvieron que ver con nuestro país, hasta la posterior reorganización de la Misión Adventista Dominicana, fue como sigue:

1909: Misión Puertorriqueña

1922: División Interamericana.

1923: Unión Antillana

1924: Misión Dominicana.[7]

Con la organización del adventismo en interamerica, el caribe y sobre todo con la creación de la Misión Adventista Dominicana, el adventismo en la República Dominicana avanzó a pasos agigantados hacia una nueva etapa de florecimiento: la etapa de expansión y desarrollo.

Referencias bibliográficas:

1. Valencia, Eugenio. Memorias y Álbum. Página 52

2. Ibis. Página 32

3. Moya Pons, Frank. Manual de Historia Dominicana. Página 480.

4. White, Elena. *Profetas y Reyes*. Página 403

5. Christian, Dionisio. *En las Manos del Todopoderoso*. Página 16

6. *Ibis*. Página 32

7. Valencia, Eugenio. *Memorias y Álbum*. Página 53

Sección IV

ETAPA DE EXPANSIÓN Y DESARROLLO

12

EL ADVENTISMO EN LA ERA DE TRUJILLO

Seis años después de la organización de la Misión Adventista Dominicana la situación política del país dio un giro de 180 grados.

Desde 1930 hasta 1961, la República Dominicana estuvo bajo el mando de Rafael Leónidas Trujillo Molina. Sobre la llamada "Era de Trujillo" existe una gran cantidad de opiniones a favor y en contra. Para algunos historiadores, Trujillo encarnó la peor dictadura latinoamericana; caracterizada por el autoritarismo, la falta de libertad, el crimen y el sometimiento obstinado. Para otros, el gobierno de Trujillo representó una época de bonanza económica. Fue en este gobierno que se creó el Banco Central, el cual emite el peso dominicano y regula la economía, se pagó la deuda externa, se incentivó la producción agrícola y fueron impulsados los ingenieros azucareros. En lo que sí todos están de acuerdo es que, el gobierno de Trujillo, dejó una huella indeleble en la historia sociopolítica de la República Dominicana.

Para muchos analistas políticos, Trujillo era un hombre cuyo mayores intereses era aferrarse al poder sin importar el como. La frase marxista: "El fin justifica los medios", fue una de sus favoritas, aunque irónicamente combatió las ideas comunistas. Dicen algunos historiadores que los títulos que les fueron otorgados como: "Padre de la Patria Nueva", "Benefactor de la Patria", "Doctor", "Generalísimo", entre otros, así como innumerables reconocimientos dados por individuos e instituciones, tenían el propósito de conseguir algún favor de él. Estos reconocimientos, según ellos, alimentaban el ego de "El Tirano"

El Concordato con la Iglesia Católica

El 16 de junio de 1954 el gobierno de Trujillo y el Papa Pio XII firmaron el Concordato, mediante el cual se reconoce a la iglesia Católica como la religión del Estado dominicano. El doctor Euclides Gutiérrez Félix, en un artículo titulado: "La Era de Trujillo", analiza la firma de este acuerdo. Después de enumerar algunos artículos del documento citado, el autor señala que aunque fue un gran logro para la Iglesia Católica, por los beneficios que le aporta, para Trujillo lo único que representó fue una ventaja en términos políticos. Afirma que las fotografías al lado del Papa Pío XII elevaron el ego desbordante de Trujillo y las mismas sirvieron para neutralizar algunos adversarios políticos que lo satanizaban. Dice el autor que Trujillo, algunos años más tarde, calificó el Concordato como un "Grave error político". Se excusó diciendo que la responsabilidad la tenían los expertos jurídicos que lo asesoraron porque él no era abogado.[1]

Otros historiadores afirman que Trujillo solo estaba en la búsqueda de un reconocimiento por parte de la Iglesia Católica. El reconocía que esta iglesia no solo representaba un poder moral sino también político-religioso. Su imagen, según él, sería limpiada, ante sus opositores, si obtenía un título importante que le faltaba y de amplio significado para él: "Benefactor de la Iglesia". No obstante, pese a su gran esfuerzo por favorecer al catolicismo, dicho título nunca le fue otorgado.

El mandatario que sostenía la frase: "En el cielo Dios y en la tierra Trujillo", consideró inapropiada y ofensiva la actitud de la Iglesia Católica hacia su persona al no concederle dicho honor. Por tal razón se inició una gran pugna entre Trujillo y la Iglesia Católica que finalizó con una carta pública oficial de su cúpula, el 25 de enero de 1960; declarando su oposición a las ejecutorias del gobierno trujillista. Posteriormente, Rafael Leónidas Trujillo Molina, fue muerto por medio de un atentado el 30 de mayo de 1961, perpetrado por algunos de sus más cercanos colaboradores opuestos también a su gobierno.

Sobre la actitud de Trujillo de favorecer sectores protestantes, después de sus encontronazos con la Iglesia Católica, hay quienes afirman que, tal actitud, solo buscaba provocar el celo del catolicismo. No obstante, sus defensores argumentaban que Trujillo era un abanderado de la libertad de cultos y que al favorecer otras iglesias daba una muestra palpable de esto.

Sin embargo, ¿no resulta sospechoso que tal actitud solo se diera en el marco de sus contradicciones con la Iglesia Católica? Siendo que para esa fecha, Trujillo ya tenía alrededor de 30 años en el poder y siendo que, como decían sus defensores, era un "abanderado de la libertad de cultos", ¿por qué no favoreció antes a las demás iglesias?

Fuese por una causa u otra, lo cierto es que el protestantismo fue muy favorecido por Trujillo en la postrimería de su mandato. La Iglesia Adventista del Séptimo Día no fue la excepción.

El pastor Alvin J. Stewart y su amistad con Trujillo

El pastor Dionisio Christian señala que entre 1960 y 1961 la Iglesia

Adventista logró una excelente relación con Trujillo, a tal punto que el presidente de la Misión Adventista para ese entonces, el pastor Alvin J. Stewart, era de los pocos amigos de Trujillo que podían entrar a su habitación y hablar deliberadamente con él. Algunos consideraban al pastor Stewart, un veterano ex militar norteamericano, como uno de los espías de Trujillo; razón por la cual, su relación con el gobierno provocó muchas controversias. No obstante, el tiempo se ha encargado de demostrar todo lo contrario a lo que muchos creían. Su relación con Trujillo ayudó a canalizar algunas ayudas financieras que propiciaron el crecimiento y el fortalecimiento del adventismo en el país. Con la ayuda de estos fondos se pudieron realizar algunas construcciones.[1]

La relación de amistad del pastor Stewart con Trujillo no solo representó múltiples beneficios de índole institucional sino también en el aspecto social. Aunque generalmente la iglesia adventista es apolítica, la simple amistad de algunos miembros de la iglesia con personas subversivas al régimen trujillista puso a muchos de estos adventistas en situaciones delicadas. En tales circunstancias, la intervención del pastor Stewart no solo fue oportuna sino que logró salvar muchas vidas inocentes.

Una muestra más de la relación estrecha entre Trujillo y el pastor Stewart fue la frase atribuida al mandatario que decía: *"Ojalá que todos fuesen adventistas, así no necesitaríamos cárceles o estas estarían vacías"*

Donaciones de Trujillo a la Iglesia Adventista

Trujillo donó la suma de 125,000.00 pesos, (esto era mucho dinero en ese tiempo) lo cual se usó para la adquisición de un solar en el ensanche Ozama. En este lugar había planes, según el pastor Dionisio Christian, de construir las oficinas de la Misión Adventista Dominicana. Pero, más tarde se decidió construir una iglesia, la cual hoy se conoce como la Iglesia Adventista del Séptimo Día Ozama. Otra parte de los recursos se usó para construir las oficinas de "La Voz de la Esperanza" Escuela radiopostal que funcionaba en el país y que se transmitía por "La Voz Dominicana", de la cual hablaré más ampliamente en el capítulo 17. Dichas oficinas fueron la sede de la Misión Adventista Dominicana;

edificio remodelado que hoy ocupa la Asociación Central Dominicana de los Adventistas del Séptimo Día. Se construyó, además, un salón de actos para dicha escuela bíblica. Este salón es el que hoy ocupa la Iglesia Adventista del Séptimo de Gazcue. Antes de mudarse a este edificio, donado por Trujillo, las oficinas de la Misión Dominicana funcionaban en el primer nivel de una casa ubicada en la calle Wenceslao Álvarez, número 04, en el mismo sector de Gazcue.

Citando la obra, "Trujillo", de Gerardo Gallegos, el pastor Christian hace alusión al panegírico pronunciado por el doctor Joaquín Balaguer en el funeral de Trujillo que dice, entre otras cosas: "...*El último de los pensamientos de su puño y letra (refiriéndose a Trujillo), que entregó a uno de sus secretarios particulares, el mismo día de su muerte, para la preparación del discurso que se proponía pronunciar en la ceremonia inaugural de un templo adventista... el pensamiento está concebido así… Estoy convencido de que todos los cristianos tienen las mismas oportunidades y los mismos privilegios ante Dios. Para confirmarlo hago referencia a las palabras de Jesús: -"Yo soy el camino la verdad y la vida, el que cree en mí, aunque esté muerto, vivirá-"* [3]

Trujillo fue muerto el 30 de mayo de 1961, días antes de la inauguración para la cual se hacían los preparativos donde él era el invitado especial. Estoy plenamente convencido, como dije al principio, que Dios dirige todos los acontecimientos. Creo, en mi humilde opinión, que quizás Dios quiso evitar, de alguna manera, la presencia de Trujillo en ese acto inaugural. No quiero decir con esto que el Señor haya tenido algo que ver con esta muerte trágica. Lo que sí quiero significar es que Dios puede aprovechar cualquier circunstancia, por adversa que sean, para beneficio de su causa. Dios tiene el poder de sacar luz aun de las tinieblas. Si hacemos una remembranza de los acontecimientos socio-políticos de esa época, podemos llegar a la conclusión que lo que menos le convenía al adventismo, en esa etapa, era tener a Trujillo sentado en la tribuna de un acto inaugural tan importante como este; y mucho menos pronunciando un discurso. Aunque haya sido él el proveedor de los recursos. Y esto por una razón muy sencilla: hay que recordar que el país estaba dividido en dos bandos polarizados: trujillistas y anti trujillistas. Siendo que la misión del adventismo era y es predicarle a todo el mundo, incluyendo a ambos bandos: ¿cómo lo haría si la misma sociedad lo percibiera inclinado y parcializado hacia un lado? Siendo que los adversarios al régimen eran tan radicales, no había forma de demostrarles que esta iglesia no tenía nada que ver con Trujillo. Esto estaría limitando su obra de expansión. Por eso las constantes e injustas críticas al pastor Stewart, tildándolo de "Calié".

Una muestra de los que le acabo de decir es que en diciembre, de ese mismo año, 1961, se celebró la denominada "Fiesta del Chivo". Una gran cantidad de personas se lanzaron a las calles a celebrar. Se afirma que esta no fue una simple celebración, sino una extrema manifestación de anarquía y libertinaje. El repudio que se había estancado por treinta años se manifestaba ahora extremadamente. Era como las aguas liberadas de una gran represa que inundaba y destruía todo a su paso. Una considerable cantidad de estatuas y monumentos, levantados en honor a Trujillo, fueron destruidos. En los parques públicos y en las plazas se quemaban fotos de Trujillo y se vociferaban consignas en su contra. Era como si se quisiese borrar para siempre la figura de Trujillo de la memoria del pueblo dominicano.

En tales circunstancias los dirigentes de la Misión Adventistas Dominicana decidieron quitar la placa que se había puesto en la iglesia y en el edificio para las oficinas que decía: *"Construido por el Generalísimo Rafael Leónidas Trujillo"* ya que la turba estaba destruyendo todas las edificaciones que tuviesen el nombre de Trujillo.

Al pastor Alvin J. Stewart, por razones de seguridad, debido a su gran amistad con Trujillo, se decidió sacarlo del país y enviarlo de vuelta a los Estados Unidos.

Debido a estas continuas manifestaciones y presiones sociales anti trujillistas, el 3 de mayo de 1962, el gobierno provisional del doctor Donald Reid Cabral se vio precisado a emitir la ley 5880. Para muchos una ley controversial, la cual dice que todo aquel que alabe o exalte a los Trujillo o a su régimen se considerará y juzgará como autor de delito contra la paz y la seguridad públicas.[4]

Pese a todas las contradicciones que acarreó la denominada "Era de Trujillo, el adventismo no sólo sobrevivió una etapa difícil de su historia en este país, sino que paradójicamente fue fortalecido.

Referencias bibliográficas:

1. Gutiérrez Feliz, Euclides. Periódico: El Nacional, 9 de enero 1994, paginas 23,24.

2. Christian, Dionisio. En las Manos del Todopoderoso. Pagina108

3. Ibis, página 11

4.Minaya, Héctor. Periódico: El Nacional, 4 de mayo del 2018. Pá

13

EL ADVENTISMO DESPUÉS DE 1961 Y SUS REORGANIZACIONES

Después de 30 años de dictadura hubo un intento de restablecer el sistema democrático de gobierno. En 1962 se convocó a elecciones nacionales, en las cuales el profesor Juan Bosch Gaviño resultó electo como presidente de la República Dominicana. No obstante, un golpe de estado ocasionó una nueva crisis política. Los militares se dividieron en dos bandos: un grupo abogaba por la vuelta de Bosch al poder, mientras que el otro se oponía. Tal división provocó fuertes enfrentamientos y no pocos muertos

En medio del temor, las humaredas, los tanques de guerra y las ráfagas de ametralladoras los fieles adventistas se movían con cautela de un lugar a otro llevando el mensaje de paz y esperanza en Cristo. Una vez más, el adventismo se erguía de en medio de una aguda crisis social y política.

Sin embargo, en medio de la crisis, el crecimiento de esta iglesia fue sostenido. La feligresía del adventismo creció, de 3,998 en 1961, a 5,248 en 1962. Esto indica que en medio de la crisis que envolvió la muerte de Trujillo, el anarquismo y el golpe de estado de 1962, la iglesia Adventista del Séptimo Día, sorprendentemente, añadió 1,250 miembros a su feligresía.

El 24 de abril de 1965 la autodenominada "Fuerza Interamericana de Paz" y la OEA decidieron intervenir en el conflicto armado que experimentaba la República Dominicana; originándose así una nueva y cuestionada invasión norteamericana. Muchos historiadores afirman que lejos de ser una solución al problema, como se vendió al principio, tal acción solo agravó más la crisis. Pareció aquí que: *"El remedio fue peor que la enfermedad"*.

Esta intervención militar norteamericana, encontró al adventismo en uno de sus mejores momentos. En 1963, apenas un año después del golpe de estado, gracias a las gestiones y al excelente trabajo del pastor Gabriel Castro, presidente para ese entonces de la Misión Adventista Dominicana, dicha misión alcanzó el status de asociación.

Es muy extraño y paradójico que, en medio de una crisis política e institucional tan severa, como la que vivía el país, la iglesia adventista en vez de menguar o estatizarse, creciera notablemente. Es bien sabido que en medio de las crisis políticas, las instituciones humanas, públicas o privadas, tienden a sufrir las consecuencias. Sin embargo, el adventismo no es una institución humana. Está claro que, mientras más difícil es la situación, las personas tienden a buscar refugio en Dios y la religión.

El desarrollo fue tan sostenido que pronto hubo que comenzar a reorganizar la dirección de la iglesia para crear nuevos campos misioneros.

La Misión Adventista Dominicana
se convierte en asociación (1963)

Del 31 de julio al 1 de agosto de 1963 se celebró el congreso bienal de la Misión Adventista Dominicana en las instalaciones del Colegio Dominicano en Herrera, Santo Domingo. En este congreso hubo un cambio de status de dicha Misión. -Una Misión Adventista pasa a ser una asociación de iglesias cuando sus recursos económicos aumentan. Las Misiones son subvencionadas por los organismos superiores mientras que las asociaciones se auto sostienen. Los administradores; en las misiones son elegidos por los organismos superiores mientras que en las asociaciones se realiza por reunión de un congreso-.

Los acontecimientos para dicho cambio de status sucedió de la siguiente manera: siendo las 10:45 am del jueves 1 de agosto del 1963 se le presenta a los 176 delegados presentes en el congreso una carta de la División Interamericana a la Unión Antillana donde esta recomienda el cambio de status de misión a asociación. El pastor R. Norcliffe presentó el informe de la comisión revisora de la División Interamericana donde se autoriza dicho cambio. A las 11:45 a.m., todos los delegados presentes pasaron a firmar el acta de la constitución de la nueva Asociación Dominicana de los Adventistas del Séptimo Día. Se propuso y se votó que dicha acta de la constitución sea publicada en la prensa dominicana.

Sin dudas que este cambio de status de 1963 permitió a la Asociación Dominicana un mayor dinamismo. Los congresos, que ahora permitían que los miembros adventistas dominicanos tuviesen la oportunidad de elegir a sus dirigentes, motivó dicho dinamismo.

El pastor Danilo Rodríguez, en su autobiografía, cuenta que en el año

100

1964 el pastor Gabriel Castro decidió renunciar a su cargo de presidente de la Asociación Dominicana por lo que el pastor Ray Norcliffe, presidente de la Unión Antillana tuvo que convocar de emergencia la junta de la Asociación para suplir la vacante. Fue una tarea que requería mucha oración y dependencia de Dios. Se invitó a los miembros de la junta a orar y no dejar de asistir a la sesión. En la reunión se procedió a elegir al nuevo presidente, por medio de votos secretos. El pastor Eligio González salió electo. Sin embargo, dicha elección fue objetada, arguyendo que el pastor González, aunque tenía mucha experiencia pastoral, no tenía la preparación académica necesaria para dirigir el citado campo misionero. Muchos miembros de la junta hablaron a favor del pastor González y se decidió orar y volver a votar. Nuevamente el pastor González salió favorecido con la mayoría de los votos. Sin embargo, el pastor Eligio González, visiblemente molesto, declinó con las siguientes palabras: *"No acepto. No tengo la capacidad para dirigir esta asociación, no fui al colegio, ni hablo dos idiomas. No acepto el cargo, no poseo los requisitos necesarios para esta gran responsabilidad"*.

La junta directiva acordó reunirse al día siguiente para darle la oportunidad al pastor González para que lo pensara y orara al Señor y diera su respuesta. Cuando volvieron a reunirse el pastor González contó un testimonio que conmovió a todos y confirmó su elección:

-"No pude dormir anoche. Antes del amanecer, una hermana me dijo: *"Pastor, perdone que lo visite tan temprano. Algo me ha impulsado a venir aquí para decirle que esta madrugada soñé que un ángel visitó su casa, lo tomó por un brazo, caminó con usted hasta las oficinas de la asociación y lo sentó en la silla del presidente"* Fue así como el pastor Eligio González sustituyó al pastor Gabriel Castro en la presidencia. Su gestión fue de gran bendición, según testifican lo que vivieron esa época.[1]

Estos son los presidentes que fueron elegidos después de que la Misión Dominicana pasó a ser asociación:

1. Gabriel Castro.. 1963-1964
2. Eligio González 1964-1967
3.   Kenneth   1968-1969

Fleck..			1970-1972
4. Arístides González..			1972-1973
5. Esteban Galvá			1973-1975
6. Frederi Baerg			1975-1976
7.	José	Espinosa	1976-1979
....			1979-1983
8.	Félix	Tavárez	1983-1986
....			1986-1989
9.	Ramón	Araújo	1989-1992
....			1992-1995
10. Diógenes Suero			1995-2006
11) Félix Tavárez			2006-2014
12. José Benjamín Nina.......................................			2014-2018
13.	Andrés	Castillo	2018-
....			
14. Víctor Leger...			
15. Héctor Carela...			
16. Paulino Puello..			
17. Gerardo Bautista..			

Después de la primera reorganización, la cual refiero a continuación, el campo misionero adventista de la capital dominicana comenzó a llamarse Asociación Central Dominicana (ACD)

La Misión Dominicana del Norte (1972)

El crecimiento del adventismo a partir del 1963 siguió su notable curso. Debido al gran crecimiento de esta iglesia en el norte del país y lo difícil que les resultaba a los miembros de esta región ir a la capital y participar de las reuniones, fue necesario concebir la idea de crear una nueva misión allí. Es decir que en vez de una sola dirección de las iglesia habría dos que tuviese control de la feligresía y del des arrollo de las instituciones. La idea originalmente fue del pastor Arístides González, presidente de la Asociación Central Dominicana durante los años 1970 y 1971. Sin embargo, fue bajo la presidencia del pastor Esteban Galvá que realmente se llevó a cabo.

El crecimiento de la feligresía adventista había sido extraordinario. En 1972, esta había llegado a la suma de 14,000 miembros de iglesias; los cuales eran atendidos por 14 pastores; promediando un pastor por cada mil miembros.[3] Fue así como en enero de ese año (1972), es decir nueve años después del cambio de status de la Misión Dominicana, se organizó la Misión Dominicana del Norte (MDN) que comprendía toda la región del Cibao, incluyendo el nordeste. El primer presidente de dicha Misión fue el pastor José Espinosa. Esta nueva misión tenía cuatro pastores que atendían 4,000 miembros de iglesia.

En junio de 1990, fue realizado el cambio de status, convirtiéndose en la Asociación Dominicana del Norte (ADN). Su primer presidente, para esta nueva etapa, fue el pastor Oreste Natera.

La Misión Dominicana del Sur (1986)

El crecimiento del adventismo en el sur fue un poco más lento que en las demás regiones. Sin embargo este crecimiento fue siempre sostenido. Es por esta razón que en 1984, siendo el pastor Diógenes Suero presidente de la Asociación Central Dominicana, dio inicio a un aguerrido plan misionero titulado: "Miremos hacia el Sur" con la finalidad de fortalecer el adventismo en aquella región e iniciar los preparativos para la creación de un nuevo campo misionero.

Finalmente en julio de 1986, fue creada la Misión Dominicana del Sur (MDS) siendo el pastor Félix Tavarez el nuevo presidente de la Asociacion Central Dominicana (ACD). Siendo que el pastor Diógenes Suero había terminado sus funciones como presidente de la ACD, ¿quién mejor que él para ser el primer presidente en el sur? Él había creado las estrategias de crecimiento. Le tocaba ahora al pastor Suero seguir con el mismo plan de crecimiento. Esta nueva Misión comenzó sus operaciones con 11,000 miembros de iglesia atendidos por 11 pastores. Es el campo de mayor desafío del país por la situación económica de sus habitantes, lo cual los obliga a mantener una migración constante hacia la capital y otras regiones.

La Misión Dominicana del Sur tiene su sede en la ciudad de Azua de

Compostela. A principios de 1989 se iniciaron los trabajos para la construcción del local que hoy ocupan sus oficinas en el km2 de la carretera Sánchez. A la entrada de dicha ciudad.

A finales del 2017 se tomó el voto para convertir este campo en una asociación. Finalmente el 28 de enero del 2018, con su cambio de status este campo se convirtió en la Asociación Dominicana del Sur (ADS) siendo el pastor Carlos Tomás Rilio su primer presidente, en esta nueva etapa.

La Misión Dominicana del Este (1990)

En la década de los 80s el adventismo en la región Este tuvo también un extraordinario crecimiento. En 1989, siendo el pastor Benjamín Nina el presidente de la ACD, se comenzaron a hacer los aprestos para el inicio de una nueva Misión en esta región. En enero de 1990 surgió la nueva Misión Dominicana del Este (MDE), con sede en la ciudad de San Pedro de Macorís. Esta Misión comenzó a operar en la segunda planta de un edificio que alojaba una compañía de guardianes, en la calle Circunvalación de la referida ciudad. Contaba en sus inicios con 11,856 miembros de iglesia, atendidos por 12 pastores que dirigían igual número de distritos. Su primer presidente fue el pastor Filiberto Martínez Páez.

A mediados del año 2002, gracias al continuo crecimiento este campo se convirtió en la Asociación Dominicana del Este (ADE). El primer presidente elegido para este nuevo status fue el pastor Ramón Cedeño.

Referencias bibliográficas:
1. Paulino, Manuel. Reseña histórica ACD. Página 1
2. Rodríguez, Danilo. El Ira Contigo. Páginas 108-110
3. Paulino, Manuel. Reseña histórica de la ACD. Página 1

14

EL INICIO DE LA UNIÓN
ADVENTISTA DOMINICANA
Y OTRAS REORGANIZACIONES

Más de 25,000 adventistas, de todo el país, se reunieron el sábado 9 de enero de 1993 en el Palacio de los Deportes "Virgilio Travieso Soto", de la ciudad de Santo Domingo. Era una reunión muy especial. En los principales diarios vespertinos y matutinos del país se leía: *"Bienvenido pastor Robert Folkenberg, presidente mundial de la Iglesia Adventista del Séptimo Día, a la República Dominicana"*. Era la primera vez que un presidente mundial del adventismo pisaba tierra dominicana.

Sin embargo, la noticia más importante no se había publicado todavía: "El adventismo en interamerica aprueba inicio de una nueva unión en la Republica Dominicana". De eso se trataba este gran evento.

Desde tempranas horas de la mañana el Centro Olímpico Juan Pablo Duarte comenzó a ser invadido por adventistas y simpatizantes de la iglesia de todo el país. Los principales medios de comunicación estaban allí. Los noticieros televisivos resaltaban el orden, las personalidades y el acontecimiento que significaba aquella magna reunión. Al día siguiente varios periódicos resaltaron en primera plana aquel multitudinario evento.

Ahora la Republica Dominicana tendría su propio organismo mayor de la iglesia. La Unión Adventista es la máxima autoridad de la iglesia en un determinado territorio. Los nuevos campos misioneros que se habían creado y los que se formarían estarían bajo la sombrilla de la Unión Adventista Dominicana. Estos campos, anteriormente, dependía de la

Unión Adventista Antillana con sede en Puerto Rico.

Programa de apertura

A las 9:00 a.m. el evento inició como un programa regular de la Iglesia Adventista en el día sábado: servicio de Cantos, Escuela Sabática y Culto de adoración a Dios. El pastor Folkenberg fue quien presentó el sermón. Predicó un mensaje de ánimo y reavivamiento.

Luego del sermón central fueron presentados los líderes de la nueva Unión Adventista Dominicana de la siguiente manera:

Presidente: Pastor Aristides González.

Tesorero: German Lorenzo.

Secretario: Pastor Filiberto Martínez.

Director de Jóvenes: Pastor Orlando González

Director de Actividades Laicas: Pastor Carlos Reyes

Director Publicaciones: Pastor Carlos Acosta

Director de ADRA: Pastor Cami Bolivar Cruz.

Director de Educación: Profesor Marino Contreras.

Después que estos líderes fueron juramentados la multitud se colocó de pie y aplaudió. El pastor Israel Leito, presidente de la División Interamericana, presente también en el acto, solicitó el apoyo y las oraciones de la hermandad para estos nuevos dirigentes.

Terminada la multitudinaria concentración 700 personas fueron bautizadas en la piscina olímpica. Era la primera vez que tantas personas eran bautizadas al mismo tiempo.

Esta gran evento permanecerá marcada en los anales de la historia del adventismo en la República Dominicana. No solo como la más grande reunión realizada, hasta ese momento por esta iglesia, sino una de las más importantes porque ella cerró una importante etapa de su historia y dio inicio a otra.

El gran desafío

Los primeros dirigentes entendían que la iglesia debería seguir creciendo. Sin embargo, era necesaria una gran campaña a lo interno que permitiera que los miembros vislumbraran esta gran necesidad. Pues llega un momento, en la historia de las instituciones, donde se llega a creer que ya se llegó donde se quería llegar y algunos se quedan estáticos. Esto no debería de ocurrir nunca en el adventismo. Pues si bien es cierto que esta iglesia había experimentado un crecimiento sin igual, no menos cierto es que aún quedaba mucho por hacer.

La Iglesia a su vez debería evocarse a proyectarse ante la sociedad con el propósito de que el país pudiese conocer la Iglesia Adventista del Séptimo Día como institución. Esto era necesario en una nación con creencias católicas y tradiciones muy arraigadas. Esto haría posible que muchos prejuicios fuesen erradicados y el camino para el crecimiento fuere allanado. Pues esto, según los dirigentes de la iglesia, representaba un fuerte desafío y un gran obstáculo para proseguir su crecimiento.

Por otro lado, era necesario la adaptabilidad de todo el adventismo a una nueva organización. Como dije anteriormente, ahora el adventismo no dependía de Puerto Rico, como lo había sido durante todo el tiempo desde su fundación en la República Dominicana, sino que conformaba una Unión autónoma, aunque dependiente de la División Interamericana. El logro de contar con una unión en el país había sido una bendición y el sueño acariciado por todos los adventistas dominicanos; pero también se necesitó tiempo para la adaptación.

Una gran celebración

Uno de los eventos que sirvieron de plataforma para el lanzamiento de esta nueva etapa fue la celebración del 150 aniversario del nacimiento del adventismo en los Estados Unidos. Esta gran celebración mundial de la Iglesia Adventista fue aprovechada por la Unión Adventista Dominicana para iniciar su etapa de proyección. En sus 637 congregaciones, hasta la fecha, se celebró una atractiva programación el 22 de octubre de 1994, que incluyó: dramatizaciones, charlas, conferencias, desfiles y publicaciones. Miles de personas en todo el país, muchos de los cuales nunca habían visitado una iglesia adventista asistieron por primera vez, atraídos por esta novedosa programación. Los dirigentes de la Unión Adventista Dominicana con el pastor Arístides González a la cabeza, aprovecharon la ocasión para hacer declaraciones a la prensa y comparecer en varios medios de comunicación.

Las diversas actividades del 150 aniversario del adventismo concluyeron con un gran desfile y una multitudinaria concentración en la ciudad de San Pedro de Macorís, el 23 de octubre del 1994. Más de 3,500 personas desfilaron por las calles portando pancartas, cruza calles y cantando himnos de alabanzas a Dios. El desfile comenzó en el Parque Central de dicha ciudad y concluyó en el Polideportivo de la Universidad Central de Este (UCE). Fue una actividad ampliamente difundida por la prensa petromacorisana y los medios informativos del país.

Al acto asistieron todos los dirigentes del adventismo en el país: los de la Unión Dominicana y los campos misioneros; así como autoridades civiles y militares de dicha ciudad. El discurso central estuvo a cargo del pastor Jim Bruer, dirigente de la iglesia adventista en Norteamérica; el titulo fue: "Recordemos nuestros orígenes" [1]

El Plan 60-20-20.

El otro gran desafío de la nueva Unión Dominicana tuvo que ver con el plan de dadivosidad sistemática de los miembros de las iglesias. La gran mayoría de las congregaciones carecían de los recursos financieros necesarios para llevar a cabo programas de evangelismo y de desarrollo. Peor aún, de acuerdo a los dirigentes de la iglesia, muchos miembros no estaban recibiendo las bendiciones prometidas de Dios por razones de infidelidad en los diezmos y ofrendas. Fue necesario entonces la reorganización del sistema de diezmos y ofrendas con el propósito de brindar más beneficios a las congregaciones. Pues solo el 30% de las ofrendas quedaban en la iglesia. El 70% se iban a los organismos superiores.

El nuevo plan denominado: 60-20-20 enfatizaba sobre las ofrendas que eran las que más beneficios les proporcionaban a las congregaciones locales. Durante el trimestre enero-marzo del 1995 se llevó a cabo la gran campaña nacional de mayordomía y reavivamiento en las 637 congregaciones adventistas del país. El programa inició con una campaña modelo, del 12 al 20 de enero, en la iglesia adventista del Ensanche Quisqueya en la ciudad de Santo Domingo por el pastor Arístides González. En dicha jornada de mayordomía cristiana participaron todos los pastores y lideres adventistas del país. Todos los tesoreros de iglesias, pastores y ancianos recibieron las orientaciones debidas sobre el nuevo plan 60-20-20.

Dividieron los beneficios de las ofrendas de la siguiente manera:

60% para la iglesia local. Esta porción de la ofrenda se usaría para gastos operativos, mantenimiento y evangelismo.

20% para campos misioneros del país y la Unión Dominicana.

20% para ayudar a las misiones mundiales. Para ayudar en el envío de misioneros a lugares lejanos.

Masivo bautismo en Santiago

Como parte del plan de proyección, según los dirigentes de la unión adventista, era necesario la continuidad de reuniones masivas que pudiesen mostrar al país que el adventismo era un grupo activo y su crecimiento era evidentemente constante. Por tal razón, se organizó una masiva reunión bautismal donde asistieron más de 4.000 personas en la ciudad de Santiago. Este gran acto se efectuó el 6 de marzo del 1996, en la piscina del club de la Pontificia Universidad Católica Madre y Maestra (PUCAMAIMA). 313 nuevos creyentes fueron bautizados en este evento.

En el acto participaron 22 oficiantes compuestos por pastores de la Unión Dominicana, encabezados por el pastor Arístides González y de la Asociación Dominicana del Norte, así como un grupo selecto de líderes locales de las iglesias.[2]

Previo a esta gran concentración se realizó cinco grandes campañas evangélicas que reunieron más de 3,000 persona, cada noche en igual número de congregaciones adventistas de la ciudad de Santiago; la segunda ciudad más importante de la República Dominicana. En el contexto de estas campañas 850 personas decidieron formar parte del adventismo.

Llegada del pastor Pablo Perla.

Después de 4 años y medio como presidente de la Unión Adventista Dominicana el pastor Arístides Gonzáles, se acogió a los beneficios de la jubilación. En su lugar fue nombrado el pastor Pablo Perla. El pastor

Perla tomó posesión de la dirección nacional de la Iglesia Adventista en la República Dominicana el 24 de junio del 1996.

Aquí debo de hacer un paréntesis para decir mi apreciación personal. Creo que a nadie le cabe la menor duda que el adventismo en este país se dividió en dos periodos: AP (antes de Perla) y DP (Después de Perla). Este pastor salvadoreño fue un verdadero revolucionario. Le puso alas al adventismo y, dentro de la iglesia, puso a todo el mundo "A volar", debido a la rapidez, las exigencias y la presión que muchos sentían. Los logros que veremos durante los próximos cuatro años de la iglesia fueron fruto de su aguerrida gestión. Alguien me sugería que debía enfocar los logros de la iglesia de manera institucional. Pero tengo la firme convicción de que, en cuestión de música, todo depende en mano de quien esté el violín. Un serrucho solo sirve para cortar madera; pero yo conocí un profesor que tocaba música con su serrucho. El desarrollo de las instituciones depende mucho de sus dirigentes. Creo que la iglesia adventista no es la excepción, aunque también tengo la convicción que su mayor dependencia es de Dios. Depende también de sus dirigentes dejarse usar por él.

En el momento de ser elegido como presidente de la Unión Adventista, el pastor Perla se desempeñaba como pastor de iglesias en Washington y había sido departamental de Misión, presidente de campo, preceptor y rector de la Universidad Adventista de Centroamérica, con sede en Costa Rica. Contaba con un doctorado en Administración y Liderazgo, de la Universidad de Loma Linda, California. Era un pastor con una gran preparación académica. Estaba casado con Marta de Perla. La familia Perla contaba con una hija única: Lissette Perla (Tita).

El equipo de dirigentes de la Unión Adventista Dominicana para este nuevo período quedó constituido de la siguiente manera:

Presidente: Pastor Pablo Perla.

Secretario: Pastor Filiberto Martínez.

Tesorero: Licenciado German Lorenzo.

Director de Jóvenes, Comunicación y ADRA: Pastor Silvestre González Tabar.

Director de Actividades Laicas: Pastor Carlos Reyes.

Director Asociado de Publicaciones: Pastor Manuel Mesa de León.

Departamental de Educación: Profesor Marino Contreras.

Le tocaría a esta nueva administración iniciar una nueva era de crecimiento, nunca antes vista en toda la historia del adventismo en la República Dominicana.

Misión Dominicana del Sureste (1998)

Uno de los primeros logros de esta nueva gestión de la Unión Dominicana fue el de patrocinar y motivar una nueva reorganización de la Asociación Central Dominicana (ACD). Para el trienio 1996-1998 fueron bautizados 15,578 nuevos miembros; un hecho sin precedentes en este campo. Fue en ese mismo periodo que comenzaron los preparativos para la nueva reorganización.

El pastor Manuel Paulino, Secretario Ejecutivo de la ACD, para ese entonces, fue el encargado de llevar a cabo el estudio y la presentación del proyecto. Una vez concluidos los trabajos fue convocada una constituyente, para su aprobación, la cual se reunió el 1 de junio del 1997 en la Iglesia Adventista de la avenida Mella. A esta histórica reunión, precedida por el pastor Pablo Perla asistieron más de doscientos delegados. El tema más debatido en esta importante reunión fue la línea de división entre la Asociación Central Dominicana y el nuevo campo sugerente, llamado zona oriental. Algunos consideraban que la Avenida Duarte de Santo Domingo era el mejor lugar para la división, mientras que otros opinaban que la división natural era el rio Ozama. La discusión duró varias horas hasta que al fin se llegó al consenso: la división seria desde la avenida Duarte. Con el voto tomado de esta constituyente la sugerencia pasó a los organismos mayores de la iglesia. Del 18 al 20 de noviembre del 1997 se celebró la junta de fin de año de la Unión Dominicana donde se tomó el voto de recomendar a la División Interamericana la nueva reorganización de la Asociación Central Dominicana (ACD) para dar origen al nuevo campo.

Mientras la División Interamericana (DIA) consideraba el caso, el nuevo campo sugerente comenzó a operar como una misión experimental, bajo la coordinación del pastor Manuel Paulino. Gracias al poder de Dios, al gran trabajo del pastor Paulino y al aguerrido equipo de 23 pastores que laboraban en esa zona de Santo Domingo Este, al terminar el mes de marzo de 1998, lograron bautizar 2,430 nuevos miembros. Este gran empuje misionero fue una de las motivaciones para que, en ese mismo año, fuera aprobado por la DIA, de manera definitiva, la creación del nuevo campo.

Del 3 al 5 de junio del 1998 se celebró en el campus de la Universidad adventista Dominicana (UNAD) el congreso de la Asociación Central Dominicana (ACD) donde quedó definitivamente inaugurado el nuevo campo que se denominó: "Misión Dominicana del Sureste (MIDOSE)". El pastor Cesario Acevedo, quien se desempeñaba como presidente de la Misión Dominicana del Este (MDE) fue elegido como el primer presidente del naciente campo. Este histórico congreso inicio con la reunión del pleno de todos los delegados de la ACD. Cuando se conoció el voto de la división del campo el congreso sesionó por separado: los que pertenecían al nuevo campo se reunieron en la Capilla del Hogar de Señoritas y los del campo madre en la del Hogar de Varones.

La Misión Dominicana del Sureste (MIDOSE) comenzó a operar con 17,591 miembros, 143 congregaciones, 19 distritos atendidos por igual número de pastores, 6 Colegios o Escuelas y un nutrido ejército de aguerridos laicos consagrados a la misión de predicar el evangelio de Jesucristo.

El límite territorial de la ADOSE es: al norte, las provincias que colindan con la provincia de Monte Plata; los municipios de Yamasá, Bayaguana y Peralvillo; al sur, la avenida Duarte y al Este la provincia de San Pedro de Macorís.

En el año 2011, trece años después, la Misión Dominicana del Sureste contaba con 62,822 miembros que se reunían en 240 congregaciones divididas en 31 distritos, atendidos por la misma cantidad de pastores. Este gran crecimiento, reflejado desde los años anteriores, dio lugar a los apresto para el cambio de status de misión a asociación. En la junta de fin del año 2009 la Unión Dominicana tomó el voto para recomendar a la División Interamericana la reorganización. El 3 de noviembre del 2010 fue celebrada la junta de fin de año de la División Interamericana (DIA) en San Juan, Puerto Rico, donde quedó aprobado el cambio de status. En noviembre del 2011, un año después, fue celebrado el congreso cuatrienal en la Universidad Adventista Dominicana; siendo este el primero como Asociación. Cuando se leyó el voto de la División Interamericana hubo algarabía y los delegados allí presentes vieron nacer la Asociación Dominicana del Sureste (ADOSE).

La dirigencia de esta naciente asociación, elegida en este congreso fue como sigue:

Presidente: pastor Víctor Leger.

Secretario: pastor Francisco Hernández.

Tesorera: Clara Silvestre.

Referencia bibliográfica:

1. *Revista Adventista, junio 1995, página 4*

2. *Revista Adventista, junio 1995, página 1*

3. *González Silvestre. Heraldo de la Unión Dominicana, marzo 1996, página 4.*

4. *Ibis, pagina, 1*

5. *Ibis, página 4*

15

LA UNIÓN DOMINICANA Y SU AGUERRIDO PLAN DE CRECIMIENTO DESDE 1996

A partir del año 1996, con la llegada del pastor Pablo Perla a la presidencia de la Unión Adventista Dominicana, todos los planes giraron a la incorporación de nuevos miembros. Se enfatizó, como nunca antes, el evangelismo y el crecimiento numérico. En toda la estructura de la iglesia, de arriba hacia abajo y de abajo hacia arriba, solo se respiraba evangelismo y bautismo. En las reuniones mensuales de los pastores solo había una pregunta para contestar: ¿cuántos bautizaste en este mes? Dejar un mes sin bautizar e informar era motivo suficiente para una amonestación al pastor. No alcanzar el blanco bautismal anual podría ser motivo hasta de despido.

Para algunos miembros conservadores, la tanta insistencia en los bautismos, que es la forma como una persona puede llegar a ser miembro de la iglesia y los elevados blancos bautismales a los pastores acarreaba muchos malestares. Muchos dirigentes de las iglesias consideraban que, algunas personas que eran bautizadas, no estaban preparadas para dar este paso por carecer del conocimiento de las doctrinas y no haber presentado "frutos dignos de arrepentimiento". Sin embargo, siempre se recomendó a los pastores y dirigentes locales de las iglesias que fueran cuidadosos en la preparación de las personas antes de ser bautizadas. No hacerlo de esta manera era también motivo de amonestación al pastor.

Los proyectos evangelisticos revolucionarios del pastor Pablo Perla

El adventismo del séptimo día en el país, con el pastor Perla y su equipo a la cabeza, inició una serie de proyectos de evangelismo que rompieron todos los paradigmas. Por ser planes sin precedentes, desafiantes, aguerridos y revolucionarios provocaron no pocas controversias. Dichos planes y proyectos solo tenían un nombre: "Pablo Perla". Solo un pastor tan aguerrido como Perla pudo llevar a cabo tan insólitos planes.

Se elaboró un aguerrido programa de evangelización anual. Las etapas eran de la siguiente manera:

Marzo, abril y mayo, siembra de los grupos pequeños

Junio y julio, evangelismo juvenil.

Octubre, evangelismo del Ministerio de la Mujer y

Enero y febrero, evangelismo laico y pastoral.

Cada una de esas jornadas concluían con un bautismo en cada iglesia. En ese tiempo el tema obligado de los pastores, cada vez que compartían, era el blanco de bautismo.

Este nuevo plan arrojó los siguientes resultados:

1997: 9,600 nuevos bautizados

1998: 13,195 nuevos bautizados

1999: 16,682 nuevos bautizados

2000: 19,000 nuevos bautizados.[1]

Mediante un boletín informativo mensual llamado "En Marcha", se mantenía a todos los pastores de iglesias informados sobre lo que sucedía a nivel nacional y particularmente respecto a los bautismos de nuevas personas que se agregaban a la Iglesia. Se realizaban además múltiples reuniones para motivar a los pastores y laicos con el propósito de darle seguimiento a dicho plan.

Los cambios del Congreso Mundial del 2000

Cada cinco años la iglesia adventista del séptimo día celebra un congreso mundial con delegados de todo el mundo. Las decisiones tomadas en ese congreso poden afectar a cualquier campo misionero del mundo, mayormente a las uniones. En el año 2000 se llevó a cabo, en la ciudad de Toronto, Canadá, este congreso, el cual produjo algunos cambios. El pastor Pablo Perla fue enviado como presidente de la Unión Adventista Centroamericana.

La partida del pastor Perla dejó atrás no solo una nueva gama y estilo de liderazgo, sino también una época de grandes controversias. Pues muy a pesar del gran crecimiento cuantitativo del adventismo no debe obviarse las serias contradicciones que generó la puesta en ejecución de dichos planes de crecimiento. Muchos laicos de la iglesia, hicieron, en un principio una gran resistencia. Para algunos la implementación de un plan como este descuidaría otras áreas también importantes de la Iglesia y no pocos consideraban que todo cambio repentino necesita de un tiempo para su adaptación y aceptación.

Estas posiciones eran contrapuestas por aquellos que se adherían sin reservas a los proyectos, a lo que debe agregarse la posición de "Mano dura" adoptada por el mismo pastor Perla. Estas controversias sin dudas calaron muy a fondo en el adventismo en dominicana, hasta el punto que muchos temieron la división de esta iglesia. No obstante, una vez más el adventismo salió victorioso

La Iglesia Adventista en la República Dominicana, como hemos visto en capítulos anteriores, ha sabido muy bien enfrentar sus situaciones; saliendo de cada una de ellas de manera airosa y grandemente beneficiada. En cada uno de estos episodios históricos vemos las manos invisibles de Dios guiando a esta iglesia. Dice el salmista: *"Aunque ande en valle de sombra de muerte, no temeré mal alguno, porque tu estarás conmigo",* (Salmo 23: 4)

Después de casi veinte años se puede valorar, en su justa dimensión, los grandes beneficios que el pastor Perla le aportó al adventismo en la Republica Dominicana. En verdad fueron momentos muy difíciles y de mucha tensión. Sin embargo, creo que Dios, "Para cada momento tiene un hombre". Sin temor a equivocarme, me atrevo a decir que el pastor Pablo Perla fue el hombre del momento. Los resultados posteriores presentan ese indicativo.

Un sucesor dominicano: pastor Cesario Acevedo del Villar

En el congreso mundial del 2000, se nombró al pastor Cesario Acevedo del Villar como nuevo presidente de la Unión Dominicana. Con el nombramiento del pastor Acevedo el adventismo en este país pasa a ser dirigido por un dominicano. Esto habla ya de las madurez existente en el seno del pueblo adventista en la Republica Dominicana.

Nativo de uno de los lugares de más rápido crecimiento del adventismo en el país: Cambita Garabitos, San Cristóbal, el pastor Cesario Acevedo había servido en varias ramas de esta denominación religiosa. En la Asociación Central Dominicana, primer campo misionero del país, se desempeñó como secretario ejecutivo y director de mayordomía. Luego pasó a presidir la obra adventista en la entonces Misión Dominicana del Este hoy convertida en Asociación. Tiempo más tarde dio apertura a la Misión Dominicana del Sureste (MIDOSE) siendo su primer presidente.

Contrario al presidente anterior, al pastor Acevedo siempre se le ha conocido como un hombre calmado, de firmes determinaciones y de buen sentido del humor. Ha hecho suya la frase: "Hijito mío..." en su relación cotidiana con sus colegas y miembros de iglesias.

Le correspondió al pastor Acevedo, junto con su equipo de administradores, enfrentar los grandes y nuevos desafíos del adventismo en la República Dominicana en la contextualización de un nuevo milenio. Aparte de estos nuevos desafíos, el gran reto de poder mantener la Unión Dominicana en los niveles de crecimientos sin precedentes que habían alcanzado.

Ofrenda de gratitud

Radio Amanecer, la estación radial de la iglesia adventista en la Republica Dominicana, de la cual hablaremos más ampliamente en el capítulo diecisiete, había comenzado una nueva etapa de expansión al pasar a la frecuencia de FM y adquirir otras estaciones radiales en Santiago y San Pedro de Macorís. Como esta emisora no se sostiene de anuncios publicitarios, como la mayoría de las emisoras, era necesario crear una fórmula para su sostenimiento financiero. Aunque se había aprobado que cada iglesia aportara un 5% de sus ofrendas, no era suficiente y muchas iglesias no estaban dando este aporte por situaciones financieras internas. Fue así como a mediado del año 2001 la junta directiva de la Unión Adventista Dominicana aprobó recoger una ofrenda al final de cada año. Se le denominó: "Ofrenda de Gratitud". Para la promoción, cada año se escribiría una canción alusiva a un salmo y se haría un video. Esta ofrenda, al principio, era de manera exclusiva para Radio Amanecer y para el proyecto de un Centro Medico, del cual estaré hablando en el capítulo 18. Se le utilizó también para construcciones de templos.

Desde mediado del año 2001 comenzó a dársele promoción a través de Radio Amanecer. La primera ofrenda de gratitud se recogió, en todas las iglesias del país, el sábado 22 de diciembre de ese año. Sin embargo, fue para la ofrenda del 2003 que se escribió la primera canción de promoción. Se escogió al compositor Diógenes Domínguez para escribir, hacer los arreglos y grabar las canciones de promoción.

Los títulos y las canciones para cada año es como sigue:

2003: Tu mereces Todo

2004: Somos un Pueblo Bendecido.

2005: Somos un Pueblo Generoso

2006: Somos un Pueblo Fiel

2007: Dios Nuestro Refugio es.

2008: Bajo la Sombra del Omnipotente.

2009: Sostenidos por su Bondad.

2010: Salvados por su Poder.

2011: Tu Eres mi Defensor.

2012: Dios es Nuestro Rey.

2013: Dios es Nuestro Juez.

2014: Dios es Nuestro Dueño.

2015: Dios es Nuestro Salvador.

2016: Dios es Santo.

2017: Dios es Bueno.

2018: Dios es Perfecto.

2019: Dios bendice y provee.

Todos esos títulos tenían como propósito mostrar el poder de Dios y las bendiciones dadas cada uno. Una buena razón para agradecer a Dios y darle una generosa ofrenda. Gracias a esta ofrenda de gratitud, como veremos más adelante. Radio Amanecer se ha convertido en una poderosa cadena de radio en el país y cientos de templos han sido inaugurados.

La Misión Dominicana del Nordeste (2004)

Por su amplio crecimiento la Asociación Dominicana del Norte, dio los paso para dar apertura a la Misión del Nordeste que iniciaría como un plan experimental en el año 2000. Es el primer campo misionero dominicano, aparte de la Asociación Central, en ser dividido o reorganizado. Con sus oficinas en la ciudad de San Francisco de Macorís la Misión Experimental del Nordeste, dio inicio con la coordinación del pastor Camilo Carvajal.

Para mediados del año 2002 este campo Misionero Experimental bajo la nueva coordinación del pastor Henry Serafín Veras, contaba con 14 pastores distritales, que atendían más de 100 iglesias adventistas en seis provincias: Monseñor Nouel, La Vega, Duarte, Sánchez Ramírez, María Trinidad Sánchez y Samaná.

Del 20 de julio al 3 de agosto del 2002 se llevó a cabo, en la ciudad sede de este campo experimental, un programa de evangelismo de gran impacto titulado: "San Francisco: ¡Jesús te Ama!". Cientos de personas ingresaron a las filas de la Iglesia adventista en esta región.

Con este programa y otro similar realizado en la ciudad de La Vega, este campo experimental tuvo un crecimiento notable. Esto hizo posible que a mediados del año 2004 fuera aprobado definitivamente como la nueva Misión Adventista del Nordeste (MIDONES). El pastor Henry Veras, fue elegido oficialmente como su primer presidente; Persio Morrobel, como tesorero y el pastor Lázaro Cedano, departamental de jóvenes.

A final del 2017 se votó convertir esta misión en una asociación. Finalmente el 29 de enero del 2018 reunido el congreso de la MIDONES, en el Hotel las Caobas de la ciudad de San Francisco de Macorís, se aprobó el cambio de status y dicha Misión pasó a ser la Asociación Dominicana del Nordeste (ADONES) El pastor Ciro García, quien fue reelegido, pasaba a ser, ahora, el primer presidente en esta nueva etapa como asociación.

Cambio de status Unión Dominicana (2012)

Al igual que las misiones también las uniones cambian de status al convertirse en uniones asociaciones. Fue lo que ocurrió con la Unión Adventista Dominicana. Esta nace como Unión Misión en el año 1993. Desde ese entonces la División Interamericana, con sede en la ciudad de Miami, Florida, Estados Unidos, era quien la subvencionaba y elegía, a través de su junta directiva, a los administradores de esta Unión. Sin embargo, debido al gran crecimiento de esta, en todos los órdenes, esto cambiaria a partir del año 2012.

Del 16 al 18 de septiembre del 2012, bajo el título, "Las Victorias de Dios" se llevó a cabo, en un hotel de Bayahibe, la Romana, el congreso organizacional de cambio de status de la Unión Dominicana. Más de 100 delegados de todo el país asistieron. El pastor Israel Leito, presidente de la División Interamericana, leyó el voto de la junta directiva de la división que aprobaba el cambio de status. Ahora sería una Unión Asociación. Hubo gran jubilo y acción de gratitud a Dios, por parte de los delegados, por esta gran victoria.

Este campo misionero nacional cambiaba de status con una feligresía de 284,799 miembros, a nivel nacional, que se reunían en 1,145 congregaciones, atendidas por 192 pastores; 6 campos misioneros locales; una emisora de radio con 20 repetidoras a nivel nacional y 7 instituciones. De esos 284,799 feligreses el 24% correspondían a la Asociación del Este, el 22% a la Asociación del Sureste, el 21% a la Asociación Central, el 13% a la Misión del Sur, el 11% a la Asociación del Norte y el 9% a la Misión del Nordeste.[2]

Fue la primera vez que el congreso de la Unión Dominicana eligió completamente su directiva. La dirección nacional de la iglesia quedó conformada de la siguiente manera:

Presidente: pastor Cesario Acevedo.

Secretario: pastor Teófilo Silvestre.

Tesorero: Moisés Javier Domínguez.

Director de Evangelismo y Escuela Sabática: pastor Joel Fernández.[3]

Director Ministerios juveniles: pastor Carlos Rilio.

Directora de Educación: profesora Alejandra Casilla.

Director de Vida Familiar: pastor José Núñez Gil.

Directora del Ministerio de la Mujer: Olpha de la Cruz

Director de ADRA y COADIS: pastor Luis Miguel Acevedo.

Directora del Ministerio Infantil: Kenia Almanzar

Director de Comunicación: Bernardo Medina.

Director de Salud: doctor Ramón Portes Carrasco.

Al salir de aquel lugar esta nueva directiva se reunió para trazar los planes de crecimiento que darían un nuevo impulso al adventismo del séptimo día en la Republica Dominicana.

Segundo Congreso (2018)

Del 19 al 21 de Marzo del 2018, bajo el título: "Adelante a la perfección", se celebró, en un hotel de Bayahibe, la Romana, el segundo congreso de la Unión Dominicana con su nuevo status de asociación. Para esta ocasión ya esta unión había aumentado su feligresía a 334,736, que se reunían en 1,338 congregaciones, atendidas por 224 pastores.[3]

En esta ocasión se eligió la siguiente directiva:

Presidente: pastor Paulino Puello

Secretario: pastor Teófilo Silvestre

Tesorero: Winston Hiciano

Los demás cargos quedaron pendientes para la reunión de su junta administrativa.

Como bien se puede apreciar, el crecimiento del adventismo en la Republica Dominicana ha sido siempre sostenido y hacia arriba.

Referencias bibliográficas:

1. González Tabar, Silvestre. Heraldo de la Unión Dominicana, marzo 1996, página 4.
2. Revista "Las Victorias de Dios". Congreso de cambio status Unión Dominicana, pagina 18.
3. Revista "Adelante a la Perfección". 2do. Congreso Unión Dominicana, páginas 29 y 57.

Sección V

EL NACIMIENTO DE LAS INSTITUCIONES ADVENTISTAS

16

EL CAD DA ORIGEN
A LA UNAD

El paisaje es sumamente hermoso y espectacular. El radiante sol emite sus cálidos rayos que, como un gigantesco reflector, llena de luz y brillo la exuberante vegetación que, cual alfombra verde, se extiende a todo lo largo y ancho de la pradera. La montaña, semejante a un muro protector, rodea el lugar, contrastando con el inmenso azul del cielo. De vez en cuando las nubes se unen para ocultar el sol, derramar lluvias de bendiciones, hacer fructificar la tierra, refrescar el ambiente y regar las bellas flores. Los verdes y frondosos árboles, acariciados por la suave brisa tropical muestra con orgullo sus abundantes frutos. Y como el nombre de Dios debe ser alabado y exaltado como autor de tanta belleza natural, las aves de mañana, lo hacen con sus bellos trinos.

De en medio de esta paradisíaca belleza natural surge la Universidad Adventista Dominicana (UNAD). Allí converge la mano de Dios, en armonía y combinación perfecta con la mano prodigiosa de sus hijos. Es una buena ejemplificación de los divino y lo humano; conjugado para para exhibir una belleza sin igual. Los frondosos y colosales pinares, en cuyo honor se le llamo, "Ecos del Pinal" al primer anuario universitario, y que, cuales centinelas rodean el lugar, han sido testigos mudos, por varias generaciones, de la formación de miles de profesionales que hoy sirven a la nación dominicana y a otros países.

Ubicada a una hora de la ciudad de Santo Domingo, en la comunidad de Sonador, Bonao, la UNAD es la más grande institución de educación superior de la iglesia adventista en la República Dominicana. En ella funciona el Colegio Adventista Dominicano (CAD) que prepara los bachilleres y el seminario Teológico o facultad de Teología que prepara a los pastores adventistas en este país. Otras carreras también se ofrecen allí.

La Iglesia Adventista del Séptimo Día es reconocida, en todo el mundo, por su sistema educativo. Con su filosofía de educar: "Mano, mente y corazón" enseña también que: "Educar es redimir".

Todo comienza en 1853, cuando Martha Byington inicia una escuela de iglesia para enseñar a los niños de cinco familias que habitaban el pequeño pueblo de Buck's Bridge, Nueva York.[1] Desde aquel tímido comienzo la educación adventista ha crecido y se ha extendido por todo el mundo. En la actualidad el adventismo cuenta con 7,883 escuelas, colegios superiores y universidades, en 115 países.[2]

En la Republica Dominicana esta iglesia cuenta con 61 escuelas o colegios y la Universidad Adventista Dominicana (UNAD).

Inicio del Colegio Adventista Dominicano (CAD)

El Colegio Adventista Dominicano (CAD) inició en el año 1946 en el costado oeste de la iglesia adventista de la Avenida Mella donde comenzó como una escuela diurna de nueve grados. El primer director fue Donovan Olson. Apenas un año después, en 1947, el Colegio ya contaba con dos internados: uno de señoritas y otro de varones. Una muestra de su rápido avance y crecimiento. El internado de varones estaba ubicado al lado del salón de clases, siendo su preceptor Domingo Mena, mientras que el internado de señoritas funcionaba en una casa en la calle Altagracia esquina Benito González. La preceptora era Ana Retif. En esa misma casa funcionaba el comedor.[3]

En el año 1948, siendo su director Robert E. Maxson, debido al gran crecimiento que había experimentado la institución educativa, junto a la Misión Adventista Dominicana, decidió comprar un terreno en el sector de Herrera, en la parte occidental de la ciudad de Santo Domingo. En dicho terreno, adquirido por una suma de 11,750.00 pesos, se construyó las edificaciones del colegio y los internados. Así comenzó a operar en este lugar. El Colegio Dominicano, como se le llamaba en ese entonces, permaneció en el sector de Herrera por un periodo de veinticuatro años.[4]

En 1972 el gobierno dominicano, encabezado por el doctor Joaquín Balaguer, mediante el decreto Nº 242-12, declaró la zona de Herrera como parque industrial. Todos los habitantes del sector fueron desalojados. Por tal razón los dirigentes del Colegio Dominicano tuvieron que pensar en otro lugar para sus operaciones. Era necesario un lugar en el campo, con fácil absceso, para poder producir sus propios productos de consumo y cumplir con uno de los objetivos de la educación adventista: que los estudiantes aprendan a labrar y cultivar la tierra. Además, como existían los planes de convertir el Colegio Dominicano en una institución de educación superior, e incluir la carrera de agronomía, era también necesario contar con una finca experimental. Encontraron un lindo lugar en el trayecto entre la ciudad de la Vega y Santiago. No obstante, prefirieron seguir buscando una propiedad más próximo a la ciudad de Santo Domingo. Hasta que al fin encontraron el lugar que les pareció perfecto. Era una hacienda perteneciente al doctor Abel González denominada "Hacienda Bethel", en la localidad de Sonador, Bonao. No estaba en los planes del médico vender su propiedad, pero alguien cercano a él lo convenció, diciéndole que era para un colegio adventista. Fue así que, con parte del dinero del desalojo y otra parte aportada por la Misión Adventista, la institución adquirió este lugar.[5]

Origen de la Universidad Adventista Dominicana (UNAD)

Esta universidad inicio sus operaciones en el mismo recinto del Colegio Adventista Dominicano (CAD) a partir del 1976, en Sonador, Bonao. Esta institución de educación superior comenzó como un centro de estudios técnicos y superiores en las carreras de teología, educación, administración y secretariado.

En ese mismo año 1976, siendo el pastor José Hernández director del CAD, sucedió un episodio que sin dudas puede considerarse como la plataforma de lanzamiento de la Universidad Adventista Dominicana (UNAD): la semana de oración presentada por el pastor J. W. Zackrison. Según se dice esta no fue una mera actividad espiritual sino una ocasión de búsqueda de fuerzas de lo alto para poder enfrentar los desafíos de esta institución que iniciaba su desarrollo.

El espíritu de oración, fruto de este gran acontecimiento, junto al trabajo tesonero y la gran visión de los dirigentes fue lo que probablemente hizo posible que las instituciones superiores de la iglesia otorgaran el permiso para impartir los cursos técnicos que sirvieron de base.[6]

Los acontecimientos del mes de julio de 1982, que envolvieron el suicidio del presidente de la República Dominicana para ese entonces, el hacendado Don Antonio Guzmán Fernández, encontraron a este centro educativo envuelto en una etapa de consolidación y crecimiento. Se había elevado una instancia al Gobierno Dominicano para que se le concediera la personalidad jurídica y pudiese funcionar como una universidad. La muerte de Don Antonio parecía alejar la posibilidad de tan anhelado sueño. Sin embargo, con la llegada a la presidencia del país, de manera interina, del licenciado Jacobo Majluta Azar, un ex alumno del Colegio Adventista Mella, quien fungía como vicepresidente a la muerte de Don Antonio Guzmán, el pedido llegó a ser realidad. Mediante el decreto 3482 del 11 de agosto de 1982 se le autorizó a este centro educativo expedir títulos académicos con la misma validez de las instituciones públicas o privadas de igual categoría.[7] A esta nueva institución superior del país se le conocería como la Universidad Adventista Dominicana (UNAD) Así inicia la primera institución universitaria adventista en la Republica Dominicana.

Acontecimientos históricos relevantes
en el desarrollo de la UNAD

Varios acontecimientos han marcado el crecimiento de la Universidad Adventista Dominicana (UNAD) Entre ellos podemos citar:

-1982: por decreto presidencial inicia sus operaciones, de manera oficial, la UNAD.

-1983: Acreditación por parte de la Asociación General de la iglesia adventista.

-1987: La acreditación de la AG es extendida hasta 1992.

-1988: La UNAD celebra un magno acto en conmemoración del 65 Aniversario de la Unión Antillana y los 41 años del CAD

-1990: Mediante el decreto 35-1-90 del Gobierno Dominicano, encabezado por el doctor Joaquín Balaguer, el 15 de septiembre, se autorizó el programa de Psicología. En este mismo año se oficializa los programas de Ingeniería Agronómica, mención cultivo y la Licenciatura en Contabilidad y Auditoría.

-1992: La comisión de evaluación de la Asociación General de la Iglesia Adventista, en su tercera visita, extiende la acreditación hasta 1996.

-1992: La Asociación Dominicana de Universidades (ADOU) nombra al pastor Oreste Natera, rector de la UNAD, como su presidente.

-1994 En convenio con la Universidad de Montemorelos, México, la UNAD inicia una maestría en Educación.

-1995: Se reforma los programas de estudios y se introducen cuatro nuevas carreras: Licenciatura en Lenguas Modernas, Mercadotecnia, Ingeniería Informática y licenciatura en Ciencias Secretariales. También en ese año el Consejo Nacional de Educación (CONES) oficializa la extensión Santo Domingo. Se realiza también, en ese mismo año, un convenio con la Universidad de Montemorelos. México, para la realización de una Maestría en Administración Educativa.

-1996: Se extiende el período de acreditación de la Asociación General Adventista hasta el 2000

-1997 Celebración del 50 Aniversario del CAD y los 21 años de la UNAD.

-1999: Nuevo convenio con la Universidad de Montemorelos permite la realización de dos maestrías: Relaciones Familiares y Administración de Empresas.

-2001: Se realiza una graduación conjunta donde la UNAD entrega títulos de licenciatura y la Universidad de Montemorelos, de Maestría en Relaciones Familiares y Administración de Empresas. Este acto tuvo lugar el día 4 de noviembre.[8]

-2010: Atendiendo al voto de la Unión Adventista Dominicana del 2009 que solicita abrir extensiones de la UNAD en los diferentes campos misioneros del país; se crean dos aulas encuentro: en San Pedro de Macorís y Azua. En este mismo año se construye el edificio de posgrado.[9]

-2012: Para este año la UNAD contaba con seis direcciones académicas, veintidós carreras, una especialidad, cuatro maestría, nueve cursos de educación continua y la certificación de habilitación docente por parte del Consejo Nacional de Educación Superior (CONES) [10]

Indudablemente el CAD v la UNAD han venido a ser una fuente de bendición a lo largo de los años, no solo para la Iglesia Adventista del Séptimo Día, sino para todo el país. En esta institución se han formado una gran cantidad de profesionales que hoy sirven a la iglesia, al país y al mundo.

Referencias bibliográficas:

1. www.adventistas.org/es/institucional/mision-y-servicio/educacion-adventista.

2. www.adventist.org/es/iglesia-mundial/conferencia-general/departamentos.

3. ACD, Carpeta IX Congreso Trienal, 1998, página 16

4. Christian, Dionisio. En las Manos del Todopoderoso, página 42

5. Ibis. Página 43

6. UNAD. Catalogo Académico 2001-2004, página 14

7. Zacrickson, J.W. Revista Adventista, octubre 1977, página 1

8. UNAD. Catálogo Académico 2001-2004, página 11

9. Revista "Las Victorias de Dios". Congreso Cambio status Union Dominicana, página 73

10. Revista "Adelante a la perfección". 2do. Congreso Union Dominicana, página 109

17

LA VOZ DE LA ESPERANZA: GÉNESIS DE RADIO AMANECER

Es imposible narrar la historia del adventismo en la República Dominicana, sin incluir a Radio Amanecer. Y es que, desde 1982, esta emisora es un icono que identifica a la Iglesia Adventista del Séptimo Día en este país. Se le llama "La niña mimada de la iglesia". Esto es así porque cuando se tenían los planes de adquirir una emisora radial se presentó la idea de que la iglesia, "Daría a luz una niña". Cuando finalmente fue adquirida se le comenzó a dar este calificativo.

El poeta español Calderón de la Barca en su afamada obra, "La Bondad de la Flor ", escribió los siguientes versos:

"Del más hermoso clavel
pompa del jardín más ameno
el áspid saca veneno
la oficiosa abeja miel ".

En una época donde los medios de comunicación son constantemente cuestionados por la carencia en la enseñanza de los valores, la moral y la ética, bien podríamos decir que Radio Amanecer es esa abeja. Su obra de evangelización, información e integración de la iglesia adventista en el país es incuestionable.

Esta emisora tiene ya más de 37 años, lo que indica que "La niña" se ha convertido en todo una mujer. Y siendo que, de acuerdo a las profecías bíblicas, una mujer representa a la iglesia ahora se identifica como, "La Iglesia del aire"

Hay que decir, sin embargo, que hablar de Radio Amanecer ignorando a "La Voz de la Esperanza", es como pretender dibujar un árbol sin raíces. Por la sencilla razón de que esta estación radial debe su origen a este programa. Pues, cuando se presentó la necesidad y a la vez la imposibilidad de abrir espacios para la colocación del mismo, en emisoras comerciales del país, como veremos más adelante, fue lo que realmente abrió la posibilidad de tener una emisora propia. Es así como en 1982, nace Radio Amanecer.

Origen de La Voz de la Esperanza

El doctor Milton Peverini García, uno de los directores y oradores de la Voz de la Esperanza, describió el origen de este mundialmente conocido programa de la siguiente manera:

"La Voz de la Esperanza, como un arroyito en su comienzo, fue creciendo y aumentando su caudal, gracias a un sin fin de afluentes que lo transformaron en un río caudaloso. Sus aguas vivificantes transformaron el desierto árido de muchas vidas en vergeles donde hoy abundan muchos frutos" [1]

Debo destacar, no obstante, que así como Radio Amanecer debe su origen a la Voz de la Esperanza, este, a su vez, debe su origen al programa en inglés "El Tabernáculo del Aire", más tarde conocido como "La Voz de la Profecía".

¿Cómo nacieron estos programas? Todo surge por iniciativa del pastor H.M.S. Richard, quien se sintió motivado a utilizar la radio para evangelizar. Después de soñar, esperar y orar durante varios años, hizo su primera transmisión en 1929, dando origen a "El Tabernáculo del Aire" [2] Inició estas transmisiones mientras dirigía una serie de conferencias evangelisticas en la ciudad de los Ángeles, California. En ese entonces, pidió a la congregación sus aportes a través de dinero y joyas para cubrir los costos. La primera donación fue de 200 dólares, lo cual motivó aún más al pastor Richard. El resultado de la primera transmisión fueron siete cartas, la mayoría con donaciones de dinero.[3] En 1937 le cambió el nombre al programa y lo llamó: "The Voice of Profecy" (La Voz de la Profecía"

En el concilio otoñal de 1941 la Iglesia Adventista del Séptimo Día oficializó el evangelismo radial como una actividad denominacional. En ese mismo año el pastor Fordice Dematore organizó la Escuela Bíblica Radio Postal. Como resultado 5,000 personas se inscribieron en los cursos bíblicos por correspondencia. Más tarde los inscritos llegaron a dos millones, de los cuales 700,000 completaron los cursos bíblicos y más de 70,000 decidieron unirse a la iglesia adventista.[4]

No obstante, fue el domingo 5 de abril de 1942 a las 7:30 p.m., en una sesión de la junta de la Asociación General de los adventistas del séptimo día, cuando "La Voz de la Profecía" fue acogido como un programa oficial de la iglesia.[5] Luego de su aprobación como programa denominacional este comenzó a transmitirse por 88 estaciones radiales en inglés.

El pastor W. G. Turner, en la citada sesión, propuso la creación de nuevos programas radiales similares, en español y portugués, para Latinoamérica y Sudamérica. Se creó la Comisión Latinoamérica Adventista de Radio, la cual estudiaría la posibilidad de dar curso a dicha sugerencia.[6] En ese mismo año, 1942, la citada comisión invitó a Braulio Pérez Marcio, un pastor y profesor de gramática española, oriundo de España, quien dirigía un programa radial en la Habana, Cuba, para iniciar la versión en español de "La Voz de la Profecía", el cual más adelante se conocería como "La Voz de la Esperanza". La primera emisora en transmitirlo fue Radio KOWL, de Santa Mónica, California.[7] En marzo de 1943 más de 60 estaciones de radio lo transmitían. Fue así como "La Voz de la Esperanza" se convirtió en el líder de los programas radiales adventistas en español en Centro y Sudamérica.

Crecimiento de la Voz de la Esperanza

Durante los primeros treinta años la Voz de la Esperanza tuvo un notable crecimiento:

-1942: se trazan los planes para llevarlo a centro y Sudamérica

-1951: se transmite por 66 emisoras, alcanzando a dieciocho millones de personas

-1955: se transmite por 125 emisoras-

-1961: solo en Sudamérica se transmite por 233 emisoras.

-1972: unas 500 emisoras transmiten para sesenta millones de oyentes. 150,000 alumnos realizan el curso bíblico por correspondencia.[8]

La Voz de la Esperanza llega a la Republica Dominicana.

Como era de esperarse, un programa de tanto éxito en centro y sudamérica pronto llegaría a transmitirse en la República Dominicana. En la década de los 60s se comenzó a transmitir todos los domingos a las 8:00 a.m. por la entonces "Voz Dominicana", más tarde conocida como Radio Televisión Dominicana (RTVD) y hoy CERTV (Corporación Estatal de Radio y Televisión). Más tarde el programa comenzó a difundirse por varias emisoras de la región norte del país; entre las cuales se encontraban, entre otras:

-HIAM: Radio Quisqueyana, 660 AM, desde Santiago.

-HIAB: Radio Isabel de Torres, 840 AM, desde Puerto Plata

-HIPS: Radio Nagua, 1100 AM desde Nagua.

Sin embargo, las altas tarifas en algunas emisoras, y la falta de patrocinadores en otras, hizo que se disminuyera gradualmente la cantidad de emisoras que transmitían el programa. Solo la emisora estatal RTVD, que había sido la primera en transmitirlo, quedó nuevamente en ser la única.

Origen de Radio Amanecer

En 1978 con la llegada al gobierno de Don Antonio Guzmán Fernández, al instalarse una nueva dirección de RTVD, se informó que "La Voz de la Esperanza" quedaría fuera de su programación. Y así ocurrió. Esto provocó un gran revuelo y malestar entre los dirigentes de la iglesia adventista.[9] Fueron muchas las gestiones que se hicieron para tratar de ponerlo nuevamente en el aire, pero no se llegó a ningún acuerdo con la emisora.

La dirigencia de la Asociación Central Dominicana (ACD), quienes eran los encargados del programa, buscaron varias alternativas para seguir transmitiéndolo. Trataron de arrendar un espacio en otra emisora pero no lo consiguieron. Todo parecía indicar que el programa sería clausurado. Comenzaron a orar para que Dios les diera una salida al impase con el programa. En medio del dilema a alguien se le ocurrió plantear una brillante idea: comprar una emisora propia. Sonaba bien pero, ¿Y el dinero? ¡Si no había para arrendar un espacio,-muy caro por cierto- menos habría para comprar una emisora! Para algunos, la idea era una utopía. Sin embargo, mientras más oraban más se convencían que la mejor opción era esa. Llegaron a la conclusión de que Dios, "es el dueño del oro y la plata" y por lo tanto, "Él proveerá". Decidieron con pasión abrazar el proyecto y buscar algunos donativos. Aunque la idea fue planteada a finales de 1978, debido a lo antes dicho, fue en 1980 que se tomó el voto definitivo en la junta directiva de la ACD, se oficializó el proyecto y se comenzó a promocionar en las iglesias.

Gracias a las gestiones del pastor Fidel Ferrer, director de comunicación de la ACD, y la colaboración de la División Interamericana, en la persona del pastor Robert Folkenberg, director de Comunicación de la misma, la compra fue realizada en 1982. La emisora adquirida fue Radio Unión, una pequeña emisora que operaba con apenas un kilo de potencia (1,000 vatios) en los 1570 Khz. A.M. Como la intención era seguir transmitiendo el programa, se sugirieron los nombres de "La Voz de la Esperanza" o "Radio Esperanza" para esta nueva emisora cristiana. No obstante, se escogió "Radio Amanecer" sugerido por el señor José Regú, un notable laico y empresario de la iglesia.[10] El nombre hace alusión al amanecer de una nueva esperanza, representado en el mensaje adventista.

El 22 de noviembre de 1982, en un acto público en la parte frontal del edificio de la ACD, donde asistió el vicepresidente del país, el doctor Manuel Fernández Mármol y el Ministro de la Presidencia, Rafael Flores Estrella, en representación del Presidente de la Republica, fue inaugurada Radio Amanecer.[11]

"Esta es Radio Amanecer, en transmisión de prueba". Estas fueron las primeras palabras que salieron al aire, en la voz de la locutora Maritza Bautista, las cuales llenaron de gozo y alegría a la hermandad adventista en este país. El texto bíblico de Romanos 8:28 que dice: *"A los que aman a Dios, todas las cosas les ayudan a bien..."* se convirtió en realidad. Pues, si no se presenta el problema con el programa "La Voz de la Esperanza" y RTVD, es probable que el adventismo en la Republica Dominicana no contase hoy con una emisora propia. Ahora no solo había espacio para "La Voz de la Esperanza", sino también para muchos programas más.

Desde 1982 Radio Amanecer fue dirigida y administrada por la Asociación Central Dominicana (ACD), hasta 1996 cuando pasó ser dirigida por la Unión Adventista Dominicana.

Dios pone alas a su mensaje

Como dije anteriormente Radio Amanecer comenzó a operar con 1 kilo de potencia heredado de Radio Unión. Era una emisora local que aun a ciertos sectores de la ciudad de Santo Domingo entraba con dificultad. Sin embargo, con tan poca potencia se convirtió en una emisora internacional. ¿Cómo? El Ingeniero Sócrates Domínguez construyó un equipo artesanal de onda corta con recursos donados por el señor Oscar Lalane.[12] Inexplicablemente pronto comenzó a recibirse reportes de audiencia de lugares tan lejanos como Noruega y África. En el oriente de Cuba se escuchaba con gran nitidez. Yo mismo recibí cartas de Cuba para uno de los programas que dirigía en 1991. Técnicamente nadie puede explicar eso. Creo que Dios puso alas a estas ondas para que llegaran tan lejos. Creo también en los milagros y, si esto no fue un milagro, ¿qué otra cosa pudo haber sido?

Radio Amanecer se convierte en la principal Red de emisoras cristianas de la Republica Dominicana

¡Quién lo diría! Aquella pequeñita emisora de un 1 kilo de potencia, adquirida en 1982, hoy es una gran cadena de emisoras que cubre todo el país y más allá.

El primer paso se dio el 9 de diciembre de 1996 con la compra de la emisora Radio Acción, (610 AM) en la ciudad de Santiago. Posteriormente se compró Radio Mar, (1060 AM) en San Pedro de Macorís, para la región Este. Del mismo modo se adquirió una estación en los 900 AM y otra en los 100.3 FM en la ciudad de Neyba para la región sur.

Con los avances tecnológicos y la exigencia de más nitidez en las transmisiones poco a poco los oyentes comenzaron a emigrar desde la Amplitud Modulada (AM) a la Frecuencia Modulada (FM). Por esta razón la estación 100.3 FM en la región sur se convirtió en una de las más escuchadas. Esto hizo que los dirigentes de la iglesia pensaran en esa tendencia, y pasar todas sus frecuencias a la FM. A esto se añade el crecimiento vertical de la ciudad de Santo Domingo, con sus grandes edificios, que estaba ocasionando graves interferencias a la emisora matriz de AM. Esto propició que en el año 2011 se adquiriera en Santo Domingo la potente emisora Radio Universal en los 98.1 FM. Toda la programación, con algunas modificaciones, que se transmitía en la AM pasaron a la FM. En ese mismo año se adquirió Radio Alcatraz, (90.9 FM), para la región norte o Cibao.

En octubre del 2012 el Instituto Dominicano de las Telecomuniciones (INDOTEL), el órgano regulador de las comunicaciones del gobierno dominicano, aprobó la expansión geográfica de la 100.3 FM para las provincias sureñas de: San Juan de la Maguana, Pedernales, Barahona, Peravia, Azua y San José de Ocoa. Se emitió también una resolución para expandir esta misma frecuencia a la región

Este y cubrir las provincias de: San Pedro de Macorís, La Romana, Hato Mayor, El Seibo, La Altagracia, Sabana de la Mar, Miches y hasta Samaná. En el 2015 el INDOTEL también autorizó la expansión de la 90.9 FM en la región del Cibao a las provincias: María Trinidad Sánchez, Montecristi, Santiago Rodríguez, Dajabón, Elías Piña y las ciudades de la Isabela de Puerto Plata y las Terrenas de Samaná.

En el 2017 se logró un paso importante: lograr que el INDOTEL autorizara utilizar tecnología de punta que sincroniza, vía satélite, dos frecuencias de radio iguales. Esto hizo posible instalar un retransmisor en la ciudad de Puerta Plata y alcanzar esta ciudad que no había sido alcanzada y se había convertido en un gran reto.[13]

En la actualidad la "Radio Cadena Amanecer Internacional" está compuesta por 4 emisoras matriz y 21 repetidoras que cubren el 90% de la geografía nacional en las siguientes frecuencias:

98.1 FM para Santo Domingo

90. 9 FM región del Cibao y Línea Noroeste

100.3 FM regiones Sur y Este.

Y www. radioamanecer.org.do para todo el mundo.

El impacto de Radio Amanecer

Se pueden contar por cientos los testimonios de personas que han sido impactadas por esta emisora. De manera particular quiero referirme a uno de estos casos porque me tocó directamente:

Un día estaba presentando "Restauremos la Familia", un programa dedicado a la consejería familiar del cual formo parte. La conductora recibió una llamada urgente de un oyente que quería hablar desesperadamente conmigo fuera del aire. Como yo no podía conversar con él, porque estaba en el aire, ella lo tranquilizó y le dijo que llamara al final. Por suerte el programa se estaba terminando. No terminé bien de concluir el programa cuando el timbre del teléfono sonó. Lo que me contó aquel oyente me erizó la piel:

Era un angustiado esposo que había decidido matar a su esposa. Me decía, entre sollozos, que, en ese mismo momento, se encontraba en la habitación a donde había ido a buscar el arma de fuego que segaría la vida de su cónyuge. Pero algo extraño ocurrió: un pequeño radio de mesa que tenían en la habitación, misteriosamente se encendió justamente en Radio Amanecer, cuando yo estaba presentando el programa. Ese día estábamos hablando del tema de "Los feminicidios", como afecta la sociedad y que se puede hacer para evitarlos y parar la ola de crimen. Esto lo impactó sobremanera; tiró su arma sobre la cama y comenzó a llorar como un niño. Anotó el número de teléfono de la emisora y desesperadamente llamó en busca de consejo y orientación. Duré más de una hora conversando con él. Aunque fueron momentos muy tediosos, al final sentí una gran satisfacción. Aún resuenan en mi mente sus palabras al final de aquella conversación: *"Pastor muchas gracias; usted hoy ha salvado una vida y me ha librado de mi peor desgracia"* . Pero, no fui yo sino Dios.

¿Quién encendió aquel aparato de radio? ¿Quién sintonizó la emisora? ¿Fue una coincidencia que en ese momento justamente yo estuviera hablando de ese tema? Es bueno que usted sepa que ese no era el tema pautado para ese día. ¿Cómo surgió? No lo recuerdo. Pero, ¡qué bueno que ocurrió así! ¡No hay duda que Dios tiene el control!

La Línea de la Esperanza

Por situaciones como la que le acabo de contar Radio Amanecer decidió abrir una línea telefónica para ayudar en estos casos. En la junta administrativa de fin de año del 2016 la Unión Adventista Dominicana aprobó la creación de un Call Center para esta emisora, denominado: "La Línea de la Esperanza". Este centro de llamadas conectaría, a cada persona que se comunique, con la iglesia adventista más cercana, así como también le ayudaría brindándole consejería espiritual.

Este Centro se inauguró a principio del año 2017 y ha servido como un soporte para esta emisora. Muchos son los que reciben orientación y conexión con la iglesia adventista a través de esta vía.[14]

No hay duda de que Radio Amanecer ha sido el principal instrumento de promoción del adventismo en la Republica Dominicana. Esta iglesia ha sido ampliamente conocida a través de este medio. Antes de que esta emisora existiera la gente tenía muchos prejuicios sobre esta iglesia que poco a poco han ido desapareciendo.

Lejos de olvidar sus raíces Radio Amanecer se identifica como: "La Voz de la Esperanza".

Referencias bibliográficas:
1. Poyato, DG, Medios Modernos para Tiempos Modernos, página 9
2. A.G., Historia de Nuestra Iglesia, página 428
3. Ibis, página 428
4. Ibis, página 428
5. H. Morlli, Rolando, Revista "El Centinela" 1996, página 12
6 A.G., Historia de Nuestra Iglesia, página 428
7. H. Morelli, Rolando, Revista "El Centinela" 1996, página 11.
8. Ibis, página 11
9. Ferrer, Fidel. "Radio Amanecer su historia y algo más", página 59
10. Ibis, página 61
11. Ferrer, Fidel, Revista "El Heraldo de la Unión Antillana", agosto 1988
12. Ferrer, Fidel. "Radio Amanecer su historia y algo más", página 81
13. Revista "Adelante a la Perfeccion" 2do. Congreso Union Dominicana, página 156
14. Ibis, página 159

$$18$$

CENTRO MEDICO VISTA DEL JARDÍN Y VIDA SANA

L a Iglesia Adventista del Séptimo Día cree que la iglesia tiene una triple misión: "Predicar, educar y sanar". Es por eso que utiliza todos los medios disponibles para predicar su mensaje a la vez que sostiene una gran red de instituciones educativas y centros de salud en todo el mundo. En la Republica Dominicana desde principio del siglo XX y formalmente desde 1907 el adventismo cumplía con la misión de la predicación. En 1922, con la apertura del Colegio Ramón Matías Mella, esta iglesia comenzó su sistema educativo con la enseñanza básica y secundaria. Más tarde, en 1946, con la apertura del Colegio Dominicano y posteriormente, en 1976, con el inicio de la Universidad Adventista Dominicana (UNAD) el adventismo en este país había dado pasos agigantados para la instauración de la educación formal, técnico y profesional. Sin embargo, en el área de la salud la iglesia había quedado atrás. Aunque por medio del departamento de salud de cada iglesia y los operativos médicos en lugares de escasos recursos económicos la iglesia había hecho presencia en el campo de la salud, lo cierto es que hasta hace poco no se contaba con un centro de atención médica.

Inicio del mensaje pro salud

Desde los primeros días del nacimiento del adventismo en los Estados Unidos hubo un notado deseo de vivir y predicar sobre la vida saludable. Las convicciones de José Bates sobre bienestar y salud lo llevó a promover la abstinencia del tabaco y el alcohol en todas sus formas. Más tarde, en 1863, Elena de White comenzó a recibir algunas visiones de Dios al respecto, las cuales se convirtieron en una enseñanza oficial de esta iglesia. En la década siguiente de 1870 hubo un mayor activismo en la denuncia del tabaco y el alcohol como algo perjudicial para la salud. En 1879 la denominación organizó la Asociación Americana de Salud y Temperancia. Aunque hubo muchas controversias, debido a intereses encontrados entre los fabricantes de ron y cigarrillo, este activismo del adventismo, durante 40 años, pudo lograr que en 1919, con el apoyo de la sociedad civil y otras iglesias protestantes, se produjera una enmienda a la constitución de los Estados Unidos que proscribía la manufactura y venta de bebidas alcohólicas.

En 1960, por voto de la junta administrativa de la Asociación General, el órgano mundial de la Iglesia Adventista del Séptimo Día, se organizó el departamento de salud y temperancia.[1]

142

En 1962, el adventismo fue un poco más allá. Creó un programa que no solo se limitaría a denunciar y a atacar el uso del tabaco, sino que ayudaría a los fumadores a abandonar este mal hábito. El "Plan 5 días para dejar de fumar" se convirtió en el programa denominacional más conocido alrededor del mundo; haciendo que el adventismo reciba múltiples reconocimientos.[2]

La campaña antitabaco de esta iglesia ha tenido tal influencia que en la década del 1980 provocó que el congreso de los Estados Unidos comenzara a ser más severo con la industria del tabaco; aumentándole los impuestos de consumo y obligándole a colocar en la cajetilla de cigarrillos y en todas sus propagandas la advertencia: *"Fumar es perjudicial para la salud"*. En 1990 el gobierno americano pidió a esta iglesia que utilizara su presencia internacional para trabajar en cooperación con la Organización Mundial de la Salud a fin de formar una coalición contra el tabaco. Finalmente, en 1996, la industria tabacalera tuvo que admitir que había incurrido en promoción engañosa y en el encubrimiento de evidencias negativas. Se reconocía, al fin, el daño del tabaco y su vinculación con el cáncer de pulmón. Aunque el adventismo solo recibió un reconocimiento parcial, se sintió recompensado por su campaña de tantos años en contra de este mal. Al fin y al cabo lo más importante ahora no era el reconocimiento, sino la satisfacción del deber cumplido al quedar en evidencia los daños del tabaco. Un asunto que solo los adventistas creía cuarenta años atrás.[3] Cuando esta iglesia comenzó a denunciar los males del tabaco este no solamente era considerado como inofensivo, sino también como un recurso medicinal.

Sin embargo, el mensaje pro salud adventista no solo se limita a la abstinencia del tabaco y el alcohol, sino que abarca todos los hábitos de vida saludable, incluyendo la promoción del vegetarianismo y los tratamientos naturales. El adventismo pasó a ser de promotor itinerante de salud, a dueño de 790 hospitales y clínicas; 19 fábricas de alimentos saludables así como una gran cadena de sanatorios, orfanatos, tiendas y restaurantes vegetarianos en todo el mundo.[4]

La Obra medica adventista en la Republica Dominicana.

Pese a que la obra medica adventista había avanzado en muchas partes del mundo, no ocurría lo mismo en la Republica Dominicana. Aunque desde hacía más de 25 años la UNAD ofertaba la carrera de enfermería no existía una institución médica de la denominación donde los estudiantes pudieran realizar sus prácticas. Fue así como a partir del año 2000 se toma la iniciativa de crear un centro médico. No obstante, pese a que era una buena idea, acariciada desde mucho tiempo atrás, no era tan sencillo hacerle frente y convertirla en realidad, pues la carencia de recursos y los elevados costos que implica construir y mantener un hospital parecía alejar las posibilidades. Se necesitaba un hombre visionario, paciente pero intrépido, convencido y tan enamorado de este proyecto que rayara con la obsesión. Todo parecía indicar que ese hombre había llegado, ¿su nombre? Cesario Acevedo del Villar.

Cuando el pastor Acevedo asumió la presidencia de la Unión Adventista Dominicana en el año 2000 una de sus primeras propuesta, en la junta directiva, fue aprobar de manera oficial el proyecto. Y así ocurrió. Cuándo alguien preguntaba: ¿con qué dinero se va a realizar este ambicioso plan? Su respuesta inmediata era: "Dios proveerá". Siempre nos decía, a los que trabajábamos a su lado, que los israelitas para cruzar el Jordán tuvieron primero que mojarse los pies. Fue así como Dios obró el milagro de abrir el rio. Indudablemente se necesitaba mucha fe para iniciar un plan como este y el pastor Acevedo la tenía.

Se aprobó, como señalé en el capítulo 15, que a partir de diciembre del 2001 se recogería una ofrenda de gratitud. Parte de esta ofrenda se usaría para el proyecto del Centro Medico. La hermandad adventista asumió el reto. Más adelante se daría el primer picazo que llenó de júbilo y optimismo a todos. Sin embargo, no fue sino hasta 2007 que dicho plan pudo concretarse. Se barajaron varios nombres para ponerle al centro. Siendo que estaba justo al frente del Jardín Botánico Nacional, en la ciudad de Santo Domingo, el doctor Moisés Javier, que se desempeñaba como tesorero de la Unión Adventista, sugirió el nombre de: "Vista del Jardín". El 20 de abril del año 2007 esta institución médica abrió sus puertas con el nombre de: "Centro Medico Vista del Jardín".

Los primeros servicios que se ofrecieron fueron: gineco-tetricia, pediatría, emergencia, medicina interna, oncología, medicina general, gastroenterología, ortopedia, cirugía, urología, oftalmología, farmacia interna, y cardiología, entre otros.

Más tarde, este centro abrió una sucursal en la Avenida 27 de febrero, casi esquina Avenida Núñez de Cáceres, en pleno centro de la ciudad de Santo Domingo. Este es un centro de especialidades médicas.

Aunque algunos catalogaban este proyecto en sus inicios, por sus altos costos de construcción y operación, como "El elefante blanco adventista", hoy es visto como una bendición, no solo para esta iglesia sino para todo el país. Es un centro de influencia. Cientos de pacientes que no conocían el adventismo ahora lo conocen por medio de este lugar. Muchos testifican que nunca habían asistido a una institución médica donde se respire tanta higiene y los médicos y enfermeras, oraran por sus pacientes antes de cada consulta y/o al suministrarles los medicamentos.

Centro de Vida Sana

Siendo que el adventismo siempre ha apostado por la medicina natural o alternativa, su obra médica en el país no se limitaría únicamente a lo convencional. Cada día son más las personas que prefieren los tratamientos naturales. Esto es justamente lo que la iglesia había enseñado desde sus inicios a pesar de que muy pocos creían en esto. Pero los tiempos han cambiado, y lo que antes no era aceptado hoy es lo que muchas gentes prefieren. Aunque el adventismo se ha dedicado también a la medicina convencional, como ya dije, no se ha olvidado de sus raíces.

Desde el principio el Centro Medico Vista del Jardín vio a bien abrir un Sanatorio para ofrecer también los servicios de medicina natural alternativa como barroterapia, spa, baño sauna, gimnasio, comida vegetariana, entre otros. Fue así como el 2 de mayo del 2011, fue inaugurado el Centro de Vida Sana Vista del Jardín en el sector de los Ríos, Santo Domingo.[5]

Después de la apertura de la obra medica en la Republica Dominicana se podría decir que el adventismo, en este país, cumple ahora con sus tres ejes transversales: predicar, enseñar y sanar.

Referencias bibliográficas:

1. W. Schwarz, Richard; Greenleaf, Floyd. Portadores de Luz, pagina 489,490

2. Ibis, pagina 493.

3. Ibis, pagina 494.

4. https://www.adventistas.org/es/institucional/los-adventistas/adventistas-en-el-mundo/

5. https://hoy.com.do/un-concepto-de-vida-saludable/

146

19

OTRAS INSTITUCIONES

La iglesia Adventista del Séptimo Día siempre ha utilizado todos los medios disponibles para predicar su mensaje. En todo el mundo, esta iglesia opera grandes casas editoras, restaurantes vegetarianos, fábricas de productos integrales, panaderías entre otros. Muchas instituciones funcionan dependientes de otras como redes y otras son locales.

Siendo que en los últimos cuarenta años el adventismo en la Republica Dominicana ha tenido un crecimiento y desarrollo sin precedentes, no ha de extrañar que empresas multinacionales de esta iglesia también tengan sucursales aquí. También las agencias, como la Agencia de Desarrollo y Recursos Asistenciales, (ADRA) y la Asociación Publicadora Interamericana, (APIA) ahora conocida como IADPA, (por sus siglas en inglés), también tienen presencia en este país. Los ministerios de apoyo, tanto dependientes como independientes, también son notorios.

En este capítulo quiero hacer mención únicamente de las instituciones locales autónomas. Estas fueron creadas aquí pero, sin embargo, siguen el mismo patrón de otras similares alrededor del mundo. Aunque autónomas vienen a formar parte de una red de instituciones del mismo tipo. Siendo que el adventismo no es una iglesia congregacionalistas todas sus empresas o instituciones, de una forma u otra, son interdependientes.

Impresos y Diseños El Remanente

El medio más usado por el adventismo, desde sus inicios, fue y sigue siendo, la imprenta. En 1846 esta iglesia tuvo que pagar a una imprenta privada para publicar el informe de la primera visión de Elena de White. Este informe de 250 ejemplares en hojas sueltas titulado: "Al remanente esparcido" y un pequeño folleto de 40 páginas, titulado: "The opening Heavens"(Los cielos que se abren), publicado por José Bates, en ese mismo año, marcaron el inicio del uso de la imprenta por el adventismo después del gran chasco de 1844. En 1847 Jaime White comenzó a publicar un periódico: "Present Truth" (La Verdad Presente).[1] Sin embargo, no fue sino hasta 1852 cuando el adventismo pudo contar con una imprenta propia. En ese año los esposos White y un grupo de sus colaboradores decidieron comprar una pequeña imprenta en Rochester, Nueva York, la cual, luego de su traslado a Battle Creek, Michigan, se convertiría en la Casa Editora Review & Herald.[2] En la actualidad esta iglesia cuenta con 61 casas editoras e imprentas en todo el mundo.[3]

En la Republica Dominicana el adventismo opera y dirige Impresos y Diseños El Remante. Originalmente era propiedad de la Asociación Central Dominicana (ACD) la cual funcionaba en el sótano del edificio que aloja dicha institución. Esta imprenta fue adquirida el 17 de enero de 1991 mediante un voto tomado por la junta directiva de la ACD. Se acordó en esa ocasión comprar, con los fondos dedicados a evangelismo, a la Imprenta Enmanuel, una prensa offset, ABD 9810XC, valorada en 363,000.00 pesos, y una maquina insoladora por valor de 34,100.00 pesos. En esta imprenta solo se imprimirían materiales exclusivos de la ACD.

En el año 2001 está imprenta pasó a la Unión Adventista Dominicana para servir a todo el país y se le puso el nombre de Impresos y Diseños El Remanente.[4]

Unión Nacional de Asociaciones de Colegios Adventistas (UNACA)

Hasta finales de los años ochenta los Colegios adventistas en la Republica Dominicana eran regidos por los campos misioneros y las iglesias locales. En el año 1990, la Secretaria de Estado de Educación y Cultura, hoy Ministerio de Educación, inició lo que se conoció como *"El plan decenal de educación"*. Un plan educativo para los próximos diez años. Por lo que las instituciones educativas privadas se vieron precisadas a unirse para las gestiones gubernamentales. Los Colegios Adventistas se unieron en lo que se conoció como la Asociación Dominicana de Colegios Adventistas (ADCA). Fue una institución que surgió con personalidad jurídica con un representante para el gobierno dominicano. Este primer representante fue el profesor Manuel Caro. Por su cercanía con el Ministerio de Educación se tomó como sede nacional de la ADCA la oficina del departamento de educación de la Asociación Central Dominicana (ACD). No obstante, esta institución solo funcionaba para los asuntos legales ya que cada Colegio seguía funcionando de manera independiente en cuanto a sus asuntos financieros. Esto ocasionaba un desequilibrio, ya que mientras algunos colegios crecían otros mermaban, debido sus precariedades económicas.

Esta sotuacion hizo que los dirigentes adventistas dieran un segundo paso en la creación de una mejor estructura educativa. Fue así como se adoptó un orden financiero que hiciera posible un manejo equitativo de las finanzas. Surgió la idea de una administración centralizada única para el pago de la nóminas de todos los colegios adventistas del país. Así la Asociación Dominicana de Colegios Adventistas (ADCA) no solo funcionaria como una estructura corporativa para regir las normas, los reglamentos y la personalidad jurídica de dichos colegios, sino también las finanzas. Surge entonces, la Unión Dominicana de Colegios Adventistas (UDCA)

UDCA fue concebido desde el año 1997 y anunciado en la tercera cumbre de administradores de colegios adventistas, llevada a cabo en el Hotel Playa Real de Juan Dolio, San Pedro de Macorís, en marzo de 1998. Sus raíces se establecieron sobre la base de un programa similar que se llevaba a cabo en Brasil. En este país los colegios adventistas se constituyeron en una estructura nacional bajo la premisa: *"Todo para uno y uno para todos"*. De esta manera los colegios más fuertes en el aspecto financiero, ayudarían a los menos fuertes.[5]

El amplio crecimiento del sector educativo adventista, junto a las grandes necesidades de desarrollo de varias instituciones educativas en formación hizo posible que en el mes de agosto del 2001 se aprobara el proyecto de UDCA. Para el 2002 este plan comenzó a operar unificando el sistema educativo adventista en cada campo misionero del país. Contaba con un tesorero nacional y un contador; regidos por un comité ejecutivo, dirigido por cada presidente de campo y el director de educación, del mismo, como el secretario.

No obstante, pase a todos los esfuerzos anteriores, las expectativas estaban lejos de ser logradas. Los dirigentes adventistas a nivel nacional vieron a bien hacer una nueva reestructuración y formar una institución educativa más sólida y representativa, comandada por la Unión Dominicana. En el 2011 se reorganizó el sistema educativo nacional para formar una sola institución en todo el país. La UDCA fue reestructurada para convertirse en UDOCA y más tarde en UNACA.

Ahora el sistema educativo a nivel nacional quedó regido por una institución de la Unión Dominicana. Las Asociaciones de Colegios Adventistas fueron agrupadas en la Unión Nacional de Asociaciones de Colegios Adventistas (UNACA). Fue así que esta nueva institución creó su propia identidad con una imagen corporativa, un logo y una nueva estructura. Cuenta con un equipo administrativo a nivel nacional y su directora, en el momento que esto escribo, es la Dra. Alejandra Casilla. Su slogan es: "Educar es Redimir"

Restaurantes Vegetarianos

La filosofía adventista sobre la alimentación está contenida en la teología paulina: *"Si, pues, coméis o bebéis, o hacéis otras cosa, hacedlo todo para la gloria de Dios"* [6] La dieta adventista es preferiblemente vegetariana. Un estudio hecho en los EE.UU. descubrió que los adventistas son más longevos por su estilo de vida en la alimentación.

El adventismo en la Republica Dominicana opera varios restaurantes vegetarianos, aparte de las tiendas de productos saludables. El Restaurant ARVI (Árbol de Vida) abrió sus puertas en 1999 en la Asociación Dominicana del Sureste, en ese entonces una misión, dirigida por el pastor Cesario Acevedo. Más adelante en el 2002 fue inaugurado la primera sucursal de ARVI en la Unión Dominicana cuando el pastor Acevedo pasó a ser el presidente de esta.

En ese mismo año, 2002, abrió sus puertas el Restaurant Raíces, en el antiguo local que alojaba a la Asociación Central Dominicana. Originalmente, antes de su creación, funcionaba como un comedor para los empleados de dicha asociación. Fue inaugurado con un acto sencillo con apenas algunos invitados, básicamente, pastores y empleados de la ACD. El locutor Omar Medina fue el maestro de ceremonia. Al final del acto lo invitados degustaron algunos platos.

En la actualidad existe un Restaurante ARVI en la Asociación del Norte y un nuevo Restaurant Raíces en el Ensanche Quisqueya en Santo Domingo.

Referencias bibliográficas:

1. W. Schawarz, Gleenleaf, Floyd. "Portadores de Luz, paginas 70-71

2. Ibis, página 75

3. Ibis, página 81

4. Asociación Central Dominicana (ACD). Libro de Acta, 1991, página 40

5. Medina, Bernardo. "Informe de la Iglesia Adventista en R.D." 2004, página 1

6. Santa Biblia, (Version Reina-Valera, 1960) 1ra. Corintios 10:31

Sección VI

LOS DESAFÍOS DEL ADVENTISMO EN LA R.D.

20

LOS MOVIMIENTOS O GRUPOS SEPARATISTAS

La primera vez que escuché hablar de grupos disidentes o separatistas, en la Iglesia Adventista del Séptimo Día, fue en el año 1985; un año después de mi bautismo en esta iglesia. Para ese tiempo, los galateos o reformados, como se les llamaba, eran escasos y en algunas regiones no se les conocía.

Sin embargo, esta ha sido la mayor amenaza o desafío del adventismo, en toda su historia. En la Republica Dominicana poco a poco estos grupos fueron apareciendo. Pero, su mayor incidencia ocurrió en la década de los noventa.

Toda institución debe enfrentar, a través del tiempo, grandes desafíos, tanto externos como internos. Para muchos, los conflictos internos no son asimilables. Que ocurran en instituciones seculares podrían verse con cierta normalidad, pero no así en las religiosas. Muchos entienden que: *"Los santos no deben pelearse".* Son asuntos que se supone no deberían ocurrir, pero lamentablemente ocurren. Existen, dentro de las iglesias, algunas personas excéntrica, quizás no tan convertidas, que son las que generan los grandes conflictos. Personas taimadas que se siente más santos que todos los demás.

A medida que fue creciendo el adventismo en este país, tuvo que enfrentar grandes retos, amenazas y desafíos de este tipo.

En los capítulos anteriores he presentado muchos desafíos de carácter externos. En este capítulo quiero presentar los de naturaleza interna. Estos nunca deberían obviarse. Pues, muchas veces, las peores crisis son las que se desarrollan intestinamente. La iglesia cristiana, en toda su historia, ha tenido que enfrentar estas dificultades. Aún el mismo Cristo tuvo que tratar con un Judas dentro de su grupo de doce discípulos.

Antes de describir lo ocurrido en la Republica Dominicana en el contexto de los grupo disidentes, dentro del adventismo, es necesario hacer un compendio histórico de estos movimientos. Así usted sabrá de donde vienen y cuáles son sus puntos de controversia.

Desde su mismo inicio la Iglesia Adventista del Séptimo Día ha visto surgir, dentro de su seno, diferentes movimientos o grupos separatistas;

hombres y mujeres que afirmaban tener una "nueva luz". Todos han asegurado tener la verdad. Sin embargo, no han podido resistido la prueba del tiempo. Ninguno ha pasado la prueba de Hechos 5, capítulos 38 y 39: *"Y ahora os digo: Apartaos de estos hombres, y dejadlo; porque si este consejo o esta obra es de los hombres, se desvanecerá; más si es de Dios, no la podréis destruir…"*

Movimientos separatista en la historia del adventismo

Presento aquí, de manera cronológica, los movimientos disidentes más importantes surgidos dentro del adventismo:

1. ***1853-1854: H.S. Case y C.P. Russell.*** Fueron pastores adventistas. Comenzaron a criticar a los esposos White. Decían que estos exaltaban más sus escritos que la Biblia. Denunciaban errores y contradicciones en los escritos de Elena White. Se tornaron hostiles a la Iglesia Adventista del Séptimo Día y especialmente contra los esposos White. Sus puntos de vistas se tornaron en ataques personales. Proclamaban la necesidad de derrumbar "La tiranía" establecida por la iglesia; anular la influencia del don de profecía y apartar a los esposos White de la posición que ocupaban. Publicaron graves especulaciones exegéticas. Formaron un grupo opositor contra la iglesia. Se iniciaron acalorados debates entre ellos mismos, fragmentándose el grupo más tarde. Algunos se volvieron espiritista, otros se convirtieron en mormones y los demás desaparecieron.

2. ***1855: J.M. Stephenson y D.P. Hall.*** Atacaban a los dirigentes de la iglesia. Enseñaban que había oportunidad de salvación en el milenio. Este grupo también desapareció.

3. ***1856: B.F. Snook y W.H. Bronkerhoff.*** Eran, para ese entonces, presidente y secretario de la Asociación de Iowa. Intentaron separar la Asociación que dirigían de la Asociación General. Se opusieron a la estructura orgánica de la iglesia. Cuestionaban la postura de la iglesia sobre el mensaje de los tres ángeles. Rechazaban la perpetuidad del sábado. Proclamaban la teoría universalista de que todos los seres humanos serian salvos. Con el tiempo el grupo se desintegró. Algunos formaron el grupo llamado Marión, quienes rechazaban las visiones de

Elena White. Adoptaron el sistema congregacionalistas donde cada iglesia es independiente. Este grupo dio luego origen a la Iglesia de Dios del Séptimo Día, con sede en Denver Colorado.

4. *1858: Gilberto Cranmer de Otsego Michigan*. Apoyaba el uso de tabaco; por eso se le conoce como el "grupo de fumar y mascar". Fundaron el periódico: *"La Esperanza de Israel"*. Negaban la inspiración de Elena White. Atacaron los cimientos de la Iglesia. Al final desaparecieron.

5. *Casos misceláneos:*

• *J.M. Garmire.* Pretendía ser un intérprete bíblico. Afirmaba que su hija tenia visiones de Dios (MS2, 72-79,101)

• *El Hno. K.* La señora White lo define como alguien que tenía ideas fantásticas sobre el misterio de la piedad. (MS2, 207-216)

• *Ana Philips* (MS2, 97-109). Un dirigente de la iglesia la presentó como si fuera inspirada. Elena G. de White le escribió a este hombre. Ana Philips, al escuchar la carta entendió que sus visiones no eran de Dios. Pidió perdón y llegó a ser una fiel obrera bíblica al servicio de la iglesia adventista.

6. *1898: S.S. Davis y su Movimiento Celebration o Carne Santa.* Se inspiró en los pentecostales. Expresó: *"Ellos poseen el espíritu, pero nosotros tenemos la verdad. Si tuviésemos el espíritu que ellos poseen con la verdad que tenemos, realizaríamos grandes cosas".* En 1898 S.S Davis dirigió reuniones de reavivamiento en Indiana. Algunos caían postrados. La señora White se pronunció en contra de las reuniones de indiana. Davis terminó uniéndose a la Iglesia Bautista convirtiéndose en pastor de esta.

7. *1897-1904: John. H. Kellogg y el Movimiento Panteísta.* Fue un destacado medico adventista director y fundador del Sanatorio de Battle Creek. Junto a un hermano suyo creó los copos de maíz que hoy se conocen como los Corn Flakes de Kellogg's. Creyó en el Panteísmo. Convenció a un gran número de médicos quienes se rebelaron contra la iglesia. En el Congreso de la Asociación general de Maryland 1903 el asunto fue discutido. La señora White envió una carta hablando de las revelaciones que Dios le había dado en contra de esta teoría. El Sanatorio de Battle Creek se quemó con un extraño fuego que nunca se pudo

explicar. Kellog formó tienda a parte y se fue de la iglesia. Dicho movimiento se desvaneció.

8. *1914-1916: Johan Wick y el Movimiento de Reforma en Alemania.* Fue lo que dio origen a la Iglesia Adventista Reformada. Wick, era un joven adventista llamado para servir en el ejército imperial y se negó a ser vacunado. Fue condenado a siete días de prisión. Mientras cumplía la pena, el 11 de enero de 1915, dijo que había recibido una visión de Dios que le decía que en el comienzo de la primavera europea terminaría el tiempo de gracia. El rechazo de esta visión por parte de la iglesia, dijo Wick, era la prueba del rechazo divino a la iglesia. Wick envió a la casa editora adventista en Hamburgo un artículo explicando la visión, allí se negaron a publicarlo. Desertó del ejército y se refugió en la casa de un anciano de la iglesia adventista de Bremen y de allí logró publicar su folleto. Lo distribuyó entre los pastores y los adventistas en general. Surgieron otros "profetas" en distintos lugares que anunciaban visiones semejantes y conclusiones coincidentes. Su mensaje era que el fin del tiempo de gracia se acercaba y que la iglesia estaba en un proceso de apostasía.

Llegó la primavera y su profecía no se cumplió. Pusieron otra fecha y también fracasaron. Buscaron alguna manera de mantenerse y la encontraron en el error cometido por L.R. Conradi, H,F, Schubert y Drinhans. Estos dirigentes elaboraron un documento contrario a la posición de la iglesia que prohibía que sus miembros fueran combatientes en la guerra. Declararon que la iglesia adventista en Alemania estaba dispuesta a participar de las armas en la guerra. Una copia del documento cayó en manos de ellos. Acusaron a la iglesia de apostata, ramera, Jezabel, Babilonia, morada de todo espíritu inmundo. Al finalizar la guerra, los líderes de la Asociación General se reunieron con los disidentes y con los presidentes de las tres uniones alemanas. El encuentro fue del 21-23 de junio de 1920, en el Colegio Adventista Friedensau, Alemania. El Pastor. Daniells estuvo como presidente de la Asociación General. Este reprendió a los dirigentes nacionales por el error cometido y censuró, con tacto y prudencia, a quienes usaban este error para dividir la iglesia. Les hizo un llamado a la unidad a los de la Reforma, pero ellos no aceptaron.

Formaron la Iglesia Adventista Movimiento de Reforma y crearon su propia estructura. Atacan y censuran a la Iglesia Adventista del Séptimo Día calificándola todavía de Babilonia y apostata.

9. *1916: Margarita Rowen*. A la muerte de Elena G. de White pretendía poseer el don de profecía. Anunció haber visto en visión la existencia de un documento en los archivos de la Sra. White en Elmshaven, su última residencia, que la señalaba como la sucesora profética. Margarita había previamente convencido al Dr. B.E. Fullmer, uno de sus seguidores, para hacer, de manera fraudulenta, la carta. Este se la ingenió para introducir el documento entre los papeles originales en el archivo de los White. Más tarde un ex-ministro adventista, seguidor de la Sra. Rowen visitó los archivos de E.G.W. e instó al Pr. W.C. White, hijo de Elena, a que examinara, junto con él, los archivos relacionado con los últimos años de la Sra. White. En la sección referente a 1911 hallaron el documento. W.C. White comprobó que el documento era falso. Notó que la firma de Elena estaba falsificada. Cuando se descubrió el fraude, la Sra. Rowen acusó a W.C. White de haber inventado el documento para desacreditarla.

Predijo que el fin del tiempo de gracia seria el 6 de febrero de 1924 y que un año después Jesús vendría a la tierra. Al fracasar su visión se escondió. Después de un tiempo reapareció diciendo que no entendía cuanto tiempo tardaría Jesús en su viaje a la tierra.

El Dr. Fullmer y otros la acusaron de malversar deshonestamente miles de dólares donados para el movimiento. La Sra. Rowen maquinó el asesinato del Dr. Fullmer y fue apresada por intento de homicidio. Su movimiento desapareció.

10. *1930, Víctor Houteff, movimiento "La Vara del Pastor"*. Houteff se unió a la Iglesia Adventista del Séptimo Día en 1919. Afirmaba tener un nuevo mensaje para toda la iglesia. Presentó sus puntos de vista en un libro titulado: *"La Vara del Pastor: Los 144,000-Una llamada para la Reforma"*. Por estar en contra de las creencias adventistas sus enseñanzas fueron rechazadas. Víctor Houteff y sus seguidores fueron separados de la iglesia en noviembre de 1930, creando un grupo separado. En 1935, Houteff estableció su cuartel general al oeste de Waco, Texas, en un lugar

que denominó: "El Monte Carmelo". Su grupo fue conocido como *"La Vara del Pastor".* En 1942 le cambió el nombre y los llamó, *"Davidianos"* por su creencia en la restauración del reino davídico de Israel.

Después de su muerte en 1955, el grupo quedó al mando de su esposa Florence. Más tarde el grupo se dividió por conflictos internos. Benjamín Roden se convirtió en el líder de la facción más fuerte llamada *"Davidianos de la Rama",* logrando tomar el control del monte Carmelo. Después de su muerte en 1978, el grupo pasó a ser comandado por su esposa Lois Roden, la cual se autoproclamó como profeta. Después de su muerte le sucedió su hijo George Roden, pero menos de un año después, en 1981, Vernon Howell tomó por la fuerza el poder y se convirtió en el líder del grupo. Howell, afirmó su rol espiritual cambiando su nombre por David Koresh, porque decía tener lazos con el rey bíblico David y con Ciro el grande, (Koresh en hebreo significa Ciro).

En 1989 Koresh usó este poder como líder espiritual para tomar varias esposas, la mayoría de las cuales eran niñas de 12 años. Según él, sus intenciones era crear un nuevo linaje de gobernantes mundiales. Esto generó la intervención de las autoridades de la ciudad por tratarse de abuso infantil. El asedio al Rancho Monte Carmelo duró 51 días. La autoridades encontraron allí un arsenal de armas de fuego. Todo terminó el 19 de abril de 1993, en lo que se conoce como la tragedia de Waco, Texas. Los davidianos, comandados por David Koresh, fuertemente armados, enfrentaron a los militares. El resultado fue 76 davidianos muertos, entre ellos, Koresh y varios militares.[1] Ha sido el único grupo separatista cuyo final ocurrió, lamentablemente, en una tragedia.

11. *1955-1971: Robert D. Brinsmed.* Sus padres eran de la Reforma. En 1955 Robert se matriculo en el Colegio Adventista de Avondale, Australia, en la facultad de Teología. Escribió dos monografías. En la primera resaltaba el mensaje adventista y en la segunda interpretaba, a su juicio, el desmoronamiento de la iglesia. Se le invitó a separarse del colegio por las ideas antiadventistas que proclamaba. Atacó severamente la doctrina adventista del Santuario. Utilizó métodos literarios inescrupulosos. Al final renuncio a todo el mensaje adventista y se separó de la iglesia.

12. *1980 Desmond Ford.* Atacó la doctrina del santuario. Se le dieron seis meses, se le pagó una secretaria y se le dio acceso a los archivos de la Sra. White para que elaborara una monografía defendiendo su exégesis. La monografía consta de casi mil páginas. Se convocó una comisión de 125 teólogos de la iglesia para dar respuestas a sus inquietudes. La reunión se celebró del 10 al 15 de agosto de 1980. Ford atacó: el principio día por año; la contaminación del santuario y el significado de la nisdaq. Usó, fuera de contextos, citas de Elena G. de White. Sus inquietudes les fueron respondidas una por una. Ford agradeció el trato pero decidió, de todos modos, apartarse de la iglesia.

13. *1982: Walter Rea.* Acusó a Elena White de plagio y dijo que sus escritos no procedían de Dios. Sin embargo, fue él quien en realidad cometió plagio, al utilizar escritos de D.M. Canright, J.H. Kellog y E.W. Bellenger quienes anteriormente habían hecho la misma acusación. Rea usó esos mismos escritos sin darle créditos a sus autores. Al descubrirse todo esto, los argumentos de Walter Rea perdieron su credibilidad.[1] Terminó también fuera del adventismo.

Recientemente se originó una situación protagonizada por el pastor Hugo Gambeta, el cual convirtió su ministerio *"El Evangelio Eterno"* en una nueva iglesia. La situación se originó, no por cuestiones doctrinales, sino por asuntos legales y migratorios, en el cual intervino el gobierno de los Estados Unidos. Al ser destituido del ministerio el pastor Gambeta decidió renunciar del adventismo y formar tienda aparte. Fue un gran predicador de gran influencia. Sin embargo, por su errada decisión y su indobleguez, su liderazgo e influencia se ha visto ampliamente afectado y disminuido a su mínima expresión.

Otro grupo disidente reciente es el denominado: *"Antitrinitario".* Este movimiento no es más que un resurgimiento del arrianismo, el cual niega la existencia del Espíritu Santo como la tercera persona de la Divinidad y lo cataloga como una "fuerza activa del Padre". Este grupo, al igual que los anteriores, aunque de cierta incidencia al principio, ha visto disminuir sus fuerzas.

Incidencia de los grupos separatistas en

el adventismo en la Republica Dominicana

Varias ramas de estos movimientos pronto llegarían al país. La primera vez que se tiene conocimiento de la entrada de un movimiento separatista fue en 1950. Como lo expliqué en el capítulo cinco, el grupo formado por Charles Moulton en Montecoca, próximo al Ingenio Consuelo, en San Pedro de Macorís, se reunía en la casa de la familia Jones. Esta familia se adhirió al movimiento *"La Vara del Pastor"* o *"Davidianos",* como ya se les conocía, y se apartó del adventismo. Algunos miembros adventistas fueron advertidos sobre la incoherencia de este movimiento que había confundido a algunos. El laico Papi Dinzey amonestó al grupo y los invitó a apartarse de la casa de los Jones si es que querían mantenerse como fieles adventistas. Muchos aceptaron el llamado y el grupo fue dividido. En 1956 los que siguieron fiel al adventismo comenzaron a reunirse en la casa de Gerardo Gian hasta formar la iglesia. El otro grupo no prosperó.

A partir de ese tiempo, de manera esporádica, se levantaron, sin prosperidad, uno y otros grupos disidentes en algunos lugares. El pastor Danilo Rodríguez, en misiva enviada a este autor, parte de la cual publiqué al principio, cuenta que mientras pastoreaba la iglesia adventista de la Avenida Mella, entre los años 1980-1984, el primer anciano de dicha iglesia, Cuiry Yapoor viajó a Puerto Rico y de regreso vino con algunas ideas "Raras". Comenzó a enseñar dichas ideas a la iglesia. Fue orientado para que no siguiera dando dichas enseñanzas erradas pero él no hizo caso y se reveló contra la dirigencia de la iglesia. Esto provocó que fuera destituido como anciano de la iglesia y posteriormente desfraternizado de la misma junto a su familia y algunos miembros que le seguían. Viajó a San Francisco de Macorís y allí continuó presentando sus ideas divisionistas.

Esta situación también afectó a un joven pastor llamado Rubén Molina, quien era cuñado de Yapoor e hijo de un pastor. Molina se desempeñaba como pastor de la iglesia adventista de Barahona. Las ideas de su cuñado la llevó a su congregación. Al enterarse el presidente de la Asociación Central Dominicana, el pastor Diógenes Suero, viajó a la ciudad de Barahona y encontró una iglesia dividida. El caso fue llevado a la junta administrativa de dicha asociación. Se recomendó la destitución del pastor Molina pero la junta decidió darle una nueva oportunidad por ser hijo de un pastor. Fue trasladado al sector de Los Minas en Santo Domingo pero continuó enseñando sus ideas separatistas. Finalmente fue destituido y desfraternizado de la iglesia.

Los problemas en Iglesia Adventista La Esperanza

Sin embargo, la mayor crisis del adventismo en este país, relacionado con los grupos disidentes fue, sin lugar a dudas, la crisis que se generó a finales del 1990 y principio de 1991 en la Iglesia Adventista la Esperanza del sector María Auxiliadora de Santo Domingo. Para ese entonces, esta iglesia pertenecía a la Asociación Central Dominicana (ACD). Esta situación habría de repercutir negativamente en el transcurso del tiempo. Muchos afirman que pudo haberse evitado con un poco de comprensión entre las partes en conflicto.

La crisis, según algunos testigos, comenzó de una manera simple: un grupo de dirigentes jóvenes de la citada iglesia comenzó a analizar porciones, quizás un poco descontextualizadas, de algunos libros de la señora Elena G. de White, que como vimos previamente fue pionera adventista en los EE. UU. Pensaron que la iglesia, en sentido general, debía hacer más énfasis en los asuntos proféticos y la predicación, usando medios publicitarios como cruza calles, afiches, vallas y volantes para denunciar los errores doctrinales de otras denominaciones religiosas, especialmente la católica. Esto último fue rechazado por el organismo mayor de la iglesia, ya que los métodos adventistas de predicación no se basan en diatribas con otras denominaciones.

En vista a todas esas situaciones la emisora adventista Radio Amanecer incluyó, dentro de su identificación, una proclamación de misión que sintetiza los ideales adventistas en su trato con personas de otro credo: *"Nuestra misión es proclamar las enseñanzas de nuestro Señor Jesucristo en su marco de actualidad. Amamos a todos y somos amigos de todos a pesar de no compartir siempre sus opiniones. No difamamos ni injuriamos a nadie sino que compartimos nuestra fe y enseñanzas, no con insultos ni diatribas, sino fundamentados en la Santa Palabra de Dios que vive y permanece para siempre…"*

Otro asunto que proclamaron estos jóvenes fue la necesidad que tenía la iglesia, según ellos, de enfatizar sobre los principios de salud y la correcta alimentación.

Las incidencias de los movimientos separatistas

A principio las ideas fueron bien acogidas en la iglesia La esperanza y hasta por algunos dirigentes de la ACD. El problema mayor realmente comenzó cuando grupos extremistas de disidentes adventistas se entremezclaron con estos líderes locales quienes en realidad lo que mostraban al principio eran ciertas inquietudes que, de ser atendidas a tiempo, no hubiesen generado la crisis. Los grupos de disidentes adventistas conocidos como *"Los Galateos"* eran ex miembros de la iglesia que por indisciplinas, problemas personales y desacuerdos doctrinales habían sido despedidos de sus respectivas iglesias. Estos disidentes mantenían siempre actitudes de duras críticas contra la iglesia y los dirigentes, especialmente los pastores. Cuando algunos *"Galateos"* se enteraron de la situación de la iglesia adventista La Esperanza quisieron pescar en mar revuelto. Los disidentes no solo financiaron estas publicaciones sino que también volcaron a estos jóvenes en contra de los pastores y la organización. Sin embargo, en sus publicaciones seguían utilizando el nombre: "Adventistas del Séptimo Día". Todo parece indicar que estos muchachos de la iglesia La Esperanza fueron empujados a la disidencia sin percatarse de ello.

En 1992 a raíz del quinto centenario del descubrimiento de América, el Papa Juan Pablo II visitó la Republica Dominicana. La situación fue aprovechada por el grupo, cada vez más reducido, alentados por los *"Galateos"* para lanzar cientos de propagandas adversas. Miles y miles de afiches, volantes y cruza calles con la inscripción *"El Papa es la Bestia"* fueron vistos en toda la capital dominicana y en el interior del país, escritos en nombre de la Iglesia Adventista del Séptimo Día. Esto provocó la queja de la Iglesia Católica contra la Iglesia Adventista; quejas que llegaron a las oficinas de la Asociación Central Dominicana (ACD).

El triste final de la crisis

La situación provocó que la alta dirección de la iglesia, la ACD, tomara carta en el asunto. Quizás por ser una situación insólita y debido a la poca experiencia de los dirigentes máximo de la iglesia, con este tipo de situaciones, la crisis empeoró. Algunos opinan que debieron darse algunos pasos con estos jóvenes desde un principio y no dejar que la situación se agudizara. Pasos que los dirigentes de turno de la ACD no dieron. Es posible que los errores de los dirigentes de la ACD le dieran más fuerza a los *"Galateos"* para continuar con sus duras críticas y ataque contra las estructuras del adventismo.

Se afirma que un miércoles por la noche los administradores de la ACD convocaron a una reunión extraordinaria con todos los miembros de la iglesia adventista La Esperanza al finalizar el culto de ese día. Para esa ocasión ya existía los indicios de una división aparente. Algunos pedían que los jóvenes fueran disciplinados. Otros estaban a su favor. En la reunión el presidente y el secretario de la ACD se colocaron de pie y pidieron que todos los que estaban a favor de dichos líderes se colocaran en un lado y los que estaban en contra en el otro. Hubo una lamentable confusión: algunos de los no estaban de acuerdo con ellos se pasaron a su bando porque no entendieron el pedido. Se elaboró una lista de los que estaban sentados en la fila correspondiente a los ya denominados "disidentes" y todos fueron expulsados de la iglesia. Los que se desligaron y se sentaron en el otro lado se mantuvieron en la iglesia. Tristemente algunos fueron apartados de la iglesia, sin estar ligados a ellos, como consecuencia de la confusión generada.

Los resultados

Como resultado de esta lamentable situación una gran parte de los nuevos disidentes de los iglesia Adventista de la Esperanza formaron lazos de unión con los disidentes *"Galateos"*. Ahora ellos también eran contados dentro de este grupo de resentidos guardadores del sábado. Comenzaron ahora a rebelarse abiertamente contra la institución de la iglesia adventista, sus pastores y dirigentes. Comenzaron a visitar otros templos adventistas en Santo Domingo y otros pueblos instando a sus miembros a salirse de sus iglesias y formar un nuevo grupo autodenominado "Los Reformados". Comenzaron a llamar a la Iglesia Adventista del Séptimo Día como *"La Babilonia del Apocalipsis"*. Sus ataques no eran ahora solo contra la Iglesia Católica y el papado sino contra la misma iglesia que los vio crecer. Lo curioso era que se seguían autodenominando "Adventistas".

Sus volantes, publicaciones, cruza calles y vallas los hacían en nombre de "La Iglesia Adventista del Séptimo Día". Estas publicaciones que, obviamente, no eran autorizadas por el adventismo provocaron muchas confusiones dentro del ambiente secular que no sabían distinguir entre una cosa y la otra. Fuertes críticos se levantaron por parte de las autoridades religiosas de otras iglesias en contra de la iglesia adventistas por la clase de predicaciones y métodos agresivos que llevaban a cabo este grupo en nombre de la iglesia. A muchas de estas personas, confundido por el empleo del nombre, les resultaba extraño que una iglesia de tanta tradición de tacto, respeto y consideración hacia las otras religiones, ahora estuviera empleando insultos y diatribas. Los dirigentes de la ACD tuvieron que hacer pronunciamientos públicos para aclarar la situación.

Algunas de las personas que fueron despedidas de la iglesia volvieron al adventismo bautizándose de nuevo. Otros que, lamentablemente, quedaron neutrales quedaron definitivamente fuera de la iglesia y nunca más volvieron a simpatizar ni con uno ni con otro grupo.

A pesar de todo, una vez más, el adventismo salió airoso de una difícil crisis, quizás la peor en toda su historia en la Republica Dominicana.

Referencias bibliográficas:
1. https://es.wikipedia.org/wiki/Davidianos
2. La mayor parte de este capítulo es inédito. Está basado en entrevistas personales y testimonios de testigos presenciales. Algunas de las personas que colaboraron para este capítulo se mencionan en la sección de agradecimientos, otros se omiten por pedido de anonimato.

21

LOS DESAFIOS DEL AÑO 2000

El auto se detuvo de repente frente al viejo edificio. Dany salió rápidamente como impulsado por un resorte. A pasos dobles subió las interminables escaleras que lo comunican con su apartamento en el tercer nivel. Evidentemente nervioso tocó el timbre de la puerta. La puerta se abrió y una chiquilla voz lo saludó:

-¡Hola papi!

-Hola Maridany. ¡¿Dónde está mami?!

Terminando de hablar, Mary, su esposa, salió de la habitación un tanto asombrada.

-¿Qué te pasa mi amor? ¡Te veo muy nervioso y preocupado!

Dany se dejó caer en el sofá y con sus manos temblorosas tomó las manos de su esposa invitándola a tomar asiento junto a él. Inquieta la pequeña Maridany, hija única de esta joven pareja, miraba la escena.

-Mary, tenemos un gravísimo problema. Tenemos que salir de todos nuestros equipos electrónicos. Hay que sacar todo el dinero del banco. ¡Algo grande va a pasar!

-¿Por qué?, ¡¿Qué es lo que está pasando?! -Interrogó Mary

-Falta muy poco para el año 2000. Dicen que todas las computadoras se van a borrar. El sistema de cuenta de los bancos va a colapsar. Esta mañana un experto en computación nos habló del Y2K, dice que ya las

168

computadoras no van a funcionar. ¡Mary, mi amor, creo que el mundo se va a terminar! Todo eso es lo que se dice.

-No te preocupes mi amor. Acuérdate que somos cristianos adventistas. Aunque las profecías se cumplen Dios siempre guía a sus hijos. Además no estamos seguros de que todas esas cosas vayan a pasar realmente.

-Sí mi amor; pero estoy confundido. Hay muchos rumores por doquier. Aún algunos hermanos usan el púlpito para hablar de todas estas cosas. La impresión de todo el mundo es que en el 2000 algo grande va a ocurrir.- Concluyó diciendo-.

Escenas como esta se repetían una y otra vez a medida que el año 2000 se acercaba.

Perspectiva año 2000

¡Año 2000! ¿Quién no sentía fascinación, temor o gran expectativa al escuchar esta fecha? Durante el año 1999, el tema obligado en cada rincón de la República Dominicana era la llegada del 2000. Los medios de comunicación se hacían eco del gran murmullo, la fascinación, el temor o la expectativa de mucha gente.

Pero no solo en este país se constituía en el tema de cada día, el mundo entero estaba en vilo en espera de este año. Toneladas de libros, revistas y periódicos se escribieron al respecto. El cine y la televisión enmarcaron el año 2000 en un contexto de fantasía, fascinación y hasta superstición. Autos que vuelan; aviones supersónicos; naves espaciales circundando el globo terráqueos y los planetas a la velocidad de la luz; robots súper inteligentes confundidos con seres humanos; automóviles de energía solar y otros productos de la imaginación. La guerra de La Galaxia es un buen ejemplo de la perspectiva vendida por el cine ante un nuevo siglo y un nuevo milenio.

En el aspecto social y político el año 2000 representaba una época de ensueños. Más que nunca se enfatizó sobre el nuevo orden mundial, la globalización y los tratados internacionales. En los países europeos se consolidó el euro como moneda oficial. En este ambiente diplomático, la esperanza se entremezclaba con el escepticismo y la incertidumbre.

No obstante, lo que más estremeció al planeta fueron las predicciones en el mundo religioso. Muchos entendían que el 2000 representaba el fin del mundo y todas las predicciones en el mundo científico, social y político confirmaban la segunda venida de Cristo. Aunque San Mateo 24:36 dice: *"el día y la hora nadie lo sabe…"* algunos se apresuraban a decir que Cristo no pasaría del año 2000 sin regresar a la tierra. ¡Todo el mundo debe prepararse: Cristo viene en el 2000! Decían una gran cantidad de predicadores de diversos credos. Algunos utilizaban como argumento el hecho de cada 2000 años, algo extraordinario sucedió. Desde la creación hasta el diluvio pasaron 2000 años; desde el diluvio hasta la primera venida de Cristo pasaron 2000 años y desde el nacimiento de Cristo hasta el año 2000 pasarían 2000 años más, ¿qué pasaría ahora? ¡Sin dudas Jesús vendrá por segunda vez! Exclamaban.

La Iglesia Adventista y el año 2000

Toda esta situación, en torno al año 2000, se constituyó en un gran desafío para el adventismo en la Republica Dominicana. Pues, mientras la iglesia, de manera oficial, seguía proclamando la declaración de San Mateo 24:36, algunos predicadores se dejaron arrastrar por las corrientes y se unieron a las voces que proclamaban que Cristo vendría en ese año. El adventismo tuvo que hacer varias comunicaciones orales y escritas para sostener su posición y desautorizar a todo el que predicaba lo contrario. Como fueron pocos los predicadores que incurrieron en este error esto en nada afecto a la iglesia en sentido general.

Algo positivo ocurrió que también se constituyó en otro gran desafío: el gran cumulo de personas que abarrotaron los templos en busca de algunas respuestas a la gran cantidad de interrogantes del mundo que les rodeaba. Ahora más que nunca se enfatizó sobre la segunda venida de Cristo, aunque sin fechas preestablecidas. Las personas se tornaron más receptivas al evangelio debido al temor que rondaba. Durante el 1999 más de 19,000 personas, en todo el país, se añadieron a las filas de la iglesia. Al entrar el año 2000 las iglesias seguían atestadas de personas y el gran desafío consistió en construir nuevos templos para alojar tantas personas en medio de una aguda crisis financiera.

El nuevo milenio comenzó y nada de lo que se pronosticaba ocurrió: los carros no volaron, los extraterrestres no nos invadieron, las computadoras no fallaron, los robots no sustituyeron la mano de obra y, por supuesto, Cristo no vino. Las fascinantes y ficticias escenas vendidas por Hollywood quedaron relegadas a las pantallas del cine y la televisión. Los maravillosos cambios en el mundo político y social, de lo que tanto se había hablado, no dejaron de ser más que simples especulaciones.

Al final todo quedó igual. No obstante, lo que sí ocurrió fue un cambio de paradigma en cuanto a la religión. La gente comenzó a percibir la religión desde otra perspectiva. Antes del 2000 cientos de miles de personas no aceptaban que se le predicase el evangelio. Algunos hasta se ufanaban de ser ateos. Muchos nunca habían visitado una iglesia. Los ideales marxistas habían estado de moda por muchos años antes del 2000. Aunque, si bien es cierto que unos pocos, aún en la actualidad, enarbolan la bandera del escepticismo, no menos cierto es que el nuevo milenio trajo consigo cambios en la forma de pensar de la gente en cuanto a la religión. Esta ha llegado a ocupar un lugar especial en los corazones de muchos.

Por primera vez en toda su historia el adventismo en la República Dominicana pasó los umbrales de un nuevo siglo que enmarcaron el nuevo milenio. Pasado todo el oleaje del 2000, el adventismo en la República Dominicana sería testigo de la más grande campaña evangelística de toda su historia.

La Esperanza es Jesús

Para poder continuar dando respuestas a las necesidades de las gentes que seguían acercándose a la iglesia, del 9 al 16 de febrero del año 2002 se llevó a cabo la más gran campaña evangelistica de toda la historia del adventismo en este país: *"La Esperanza es Jesús"*. El evangelista internacional, pastor Alejandro Bullón fue el expositor. Más de 15,000 personas se apretujaron en el Palacio de los Deportes de la ciudad de Santo Domingo, para escuchar, por primera vez, a uno de los más grandes expositores del mundo adventista.

La jornada que finalizó con esta gran campaña inició en agosto del 2001 cuando más de cincuenta misioneros norteamericanos e hispanos vinieron al país para presentar un programa de salud nunca antes visto llamado: *"Expo Salud"*. Previo a *"La Esperanza es Jesús"*, del 1 al 8 de febrero del 2002, cien pastores de la ciudad de Nueva York presentaron igual número de campañas evangelisticas en la ciudad de Santo Domingo y San Cristóbal. Los asistentes fueron transportados a la gran campaña del Palacio de los Deportes. Al final de la campaña *"La Esperanza es Jesús"* 21,027 personas fueron añadidas al adventismo. Algo nunca antes visto.[1]

Un nuevo desafío

Debido a la gran cantidad de gentes que llegaban a la iglesia la necesidad de construir nuevos lugares de reunión se constituyó en un nuevo desafío. En el año 2003 un grupo de más de 1,000 voluntarios norteamericanos conocidos como ministerio "Maranatha" volvieron a la Republica Dominicana para ayudar en la construcción de más de treinta nuevos templos adventistas. No era la primera vez que venían al país. En 1992, en un tiempo record de tres meses, este ministerio construyó, en la ciudad de Santo Domingo, veinticinco templos. Debido al gran desafío de construcción de templos y las carencias económicas para lograrlos, estos voluntarios hicieron una excepción, pues no acostumbran a volver a un país ya que tienen muchos pedidos de ayuda en todo el mundo. Estos voluntarios, muchos de ellos empresarios adventistas, aportan los materiales y ellos mismo se constituyen en la mano de obra para la construcciones de templos.

Por la gracia de Dios el adventismo, una vez más, superó uno de sus más grandes desafíos. Hoy numerosos templos adventista se levantan en la Republica Dominicana como grandes monumentos al Dios omnipotente. Dentro de sus cuatro paredes las gentes pueden conseguir paz y esperanza.

Bibliografía:

1. *Unión Dominicana: "Acción Evangelistica", junio, 2002, página 7*

CONCLUSIÓN

La historia es progresiva y por lo tanto nunca dejará de escribirse. He hecho un esfuerzo para presentar este compendio de la historia del adventismo del séptimo día en la Republica Dominicana; sin embargo, esto es apenas el comienzo. Otros podrían encargarse de añadir nuevos volúmenes. Mi mayor deseo es que estas indagaciones puedan servir de base para quienes deseen ahondar en este tema. Me queda la satisfacción del deber cumplido, al pretender, como dije en la introducción, armar este rompecabezas, con la esperanza de que alguien pueda añadir piezas claves.

Como podrá haber notado, el adventismo del séptimo día, en este país, ha florecido, pese a las diversas situaciones adversas por las que ha atravesado desde sus inicios. Muestra, sin dudas, de la conducción divina.

En resumen quisiera subrayar algunos puntos que pudieran arrojar luz al respecto. Asuntos que quizás pudiesen pasar inadvertidos:

1. Sin lugar a dudas Dios preparó el camino para que el movimiento adventista, que casi paralelamente con la independencia dominicana tuvo su origen en los Estados Unidos, llegase a esta tierra. El Señor tiene el control sobre los asuntos de este mundo y los utiliza conforme a su divino plan. El salmista afirma: *"Todo lo que Jehová quiere, lo hace, en los cielos y en la tierra, en los mares y en todos los abismos. Hace Subir las nubes de los extremos de la tierra; hace los relámpagos para la lluvia; saca de sus depósitos los vientos"*(Salmo 135: 5,6). La Independencia de la República Dominicana trajo consigo la libertad. La misma libertad que propició el florecimiento de este movimiento religioso en la denominada "tierra de la libertad"; a saber, los Estados Unidos de Norteamérica. ¿Sería coincidencia que

174

mientras aquí se gestaba la independencia nacional; allá comenzará a florecer este movimiento religioso? Todo creyente de la Palabra de Dios, que entiende que el Señor está al control de los hechos históricos de las naciones, coincidirá conmigo en que estos no fueron eventos fortuitos ni el resultados de la casualidad.

2. La llegada del adventismo a la República Dominicana antecede a la llegada del primer misionero adventista en 1907. Se puede decir, en este caso, que el mensaje llegó primero que el mensajero. Cuando Charles Moulton llegó al país ya habían grupos de creyentes que guardaban el sábado como día de reposo y otros puntos distintivos del adventismo. De estas personas habían en Santo Domingo, San Pedro de Macorís y en Barahona. Aunque estas personas no estaban organizadas en una iglesia determinada bien podríamos catalogarlas como adventistas debido a las creencias que profesaban. Eran, a excepción del grupo de Villa Duarte, personas extranjeras que habían recibo algunas nociones del adventismo en sus respectivos países. Otros habían adoptado sus creencias al leer la Biblia. Fue la noticia de la existencia del grupo de Villa Duarte lo que provocó la llegada del primer misionero adventista. Hay que recordar que estas personas recibieron sus primeras instrucciones sobre el adventismo de la revista "El Centinela". Cuando Moulton llegó al país en 1907 ya existía este primer núcleo de adventistas en la ciudad de Santo Domingo.

A la llegada del misionero este grupo fue trasladado al sector de Mendoza, algunos de los cuales pasaron a formar parte de la iglesia adventista de Santo Domingo, hoy iglesia de la Avenida Mella. La formación de este grupo, liderado por Casiano Carrión, dio origen a la organización de la primera Iglesia Adventista en este país.

3. El segundo grupo de creyentes adventistas fue evangelizado por Moulton en 1908 en la comunidad de Montecoca, perteneciente al actual municipio de Consuelo en la provincia de San Pedro de Macorís. Este grupo se consideró por muchos años como el primer grupo de adventistas, no obstante, las evidencias históricas parecen situarlo como el segundo. Hay que destacar, sin embargo, que este fue el primer grupo originado y evangelizado por Moulton. Hay que señalar, además, que cuando el misionero llegó a Consuelo ya la familia Williams y el sastre

Dorson eran observadores del sábado. Todo esto indica que ya las raíces del adventismo del séptimo día en la República Dominicana fueron cimentadas desde mucho antes de la llagada de Moulton. Es evidente que el Señor Jesús aún continuaba preparando el camino.

Aunque Montecoca fue el segundo grupo de adventistas en formarse en la Republica Dominicana oficialmente se reconoce como el tercero. Hay que recordar que después de 1911, debido a la crisis política, algunos miembros de este grupo tuvieron que emigrar a Jababa, Moca. Allí formaron el segundo grupo de creyentes oficialmente organizado como iglesia.

4. El adventismo del séptimo día en la República Dominicana sobrevivió a muchas crisis sociales, económicas, culturales y políticas. La crisis de 1911, con la muerte del presidente dominicano Ramón Cáceres; la intervención militar estadounidense de 1916; la dictadura de treinta años de Rafael Leónidas Trujillo y la guerra civil del 1965, son algunos ejemplos históricos que se pueden citar. Ninguna institución humana o religiosa puede vivir de espalda a la realidad histórica de su nación; La Iglesia Adventista del Séptimo Día no es la excepción. Pese al desmembramiento de muchas instituciones, incluso religiosas, a raíz de muchos de estos y otros grandes acontecimientos, en cada uno de ellos la Iglesia Adventista del Séptimo Día, no sólo sobrevivió sino que salió fortalecida.

Si a todo esto le añadimos las crisis internas originada por los grupos o movimientos separatistas y los grandes desafíos en torno al año 2000, no podemos más que llegar a la conclusión de que Dios siempre ha estado al control.

Las estrofas de un conocido canto adventista, sin dudas, ha alentado a más de un miembro de esta iglesia a través de su historia:

"Adelante adventistas
La iglesia sigue predicando
Adelante adventistas
La iglesia sigue predicando
Solo se detiene para bautizar"

APENDICE

LAS 28 CREENCIAS DE LA IGLESIA ADVENTISTA DEL SEPTIMO DIA

I. LA DOCTRINA DE DIOS

1. Las Sagradas Escrituras.

Las Sagradas Escrituras, que abarcan el Antiguo y el Nuevo Testamento, constituyen la Palabra escrita de Dios, transmitida por inspiración divina mediante hombres santos de Dios que hablaron y escribieron impulsados por el Espíritu Santo. Por medio de esta palabra, Dios ha comunicado a los seres humanos el conocimiento necesario para alcanzar la salvación. Las Sagradas Escrituras son la infalible revelación de la voluntad divina. Son la norma del carácter, el criterio para evaluar la experiencia, la revelación autorizada de las doctrinas, y un registro fidedigno de los actos de Dios realizados en el curso de la historia (2 Pedro 1:20-21; 2 Timoteo 3:16-17; Salmos 119:105; Proverbios 30:5-6; Isaías 8:20; Juan 17:17; 1 Tesalonicenses 2:13; Hebreos 4:12).

2. La Trinidad.

Hay un solo Dios, que es una unidad de tres personas coeternas: Padre, Hijo y Espíritu Santo. Este Dios uno y trino es inmortal, todopoderoso, omnisapiente, superior a todos y omnipresente. Es infinito y escapa a la comprensión humana, no obstante, se le puede conocer mediante la propia revelación que ha efectuado de sí mismo. Es eternamente digno de reverencia, adoración y servicio por parte de toda la creación (Deuteronomio 6:4; Mateo 28:19; 2 Corintios 13:14; Efesios 4:4-6; 1 Pedro 1:2; 1 Timoteo 1:17; Apocalipsis 14:7).

3. El Padre.

Dios el Padre Eterno, es el Creador, Origen, Sustentador y Soberano de toda la creación. Es justo, santo, misericordioso y clemente, tardo para la ira y abundante en amor y fidelidad. Las cualidades y las facultades del Padre se manifiestan también en el Hijo y el Espíritu Santo (Génesis 1:1; Apocalipsis 4:11; 1 Corintios 15:28; Juan 3:16; 1 Juan 4:8; 1 Timoteo 1:17; Éxodo 34:6-7; Juan 14:9).

4. El Hijo.

Dios el Hijo Eterno es uno con el Padre. Por medio de él fueron creadas todas las cosas; El revela el carácter de Dios, lleva a cabo la salvación de la humanidad y juzga al mundo. Aunque es verdaderamente Dios, sempiterno, también llegó a ser verdaderamente hombre, Jesús el Cristo. Fue concebido por el Espíritu Santo y nació de la virgen María. Vivió y experimentó tentaciones como ser humano, pero ejemplificó perfectamente la justicia y el amor de Dios. Mediante sus milagros manifestó el poder de Dios y éstos dieron testimonio de que era el prometido Mesías de Dios. Sufrió y murió voluntariamente en la cruz por nuestros pecados y en nuestro lugar, resucitó de entre las muertos y ascendió al Padre para ministrar en el santuario celestial en nuestro favor. Volverá otra vez con poder y gloria para liberar definitivamente a su pueblo y restaurar todas las cosas (Juan 1:1-3, 14; Colosenses 1:15-19; Juan 10:30; 14:9; Romanos 6:23; 2 Corintios 5:17-19; Juan 5:22; Lucas 1:35; Filipenses. 2:5-11; 1 Corintios 15:3-4; Hebreos 2:9-18; 8:1-2; Juan 14:1-3).

5. El Espíritu Santo.

Dios el Espíritu Eterno estuvo activo con el Padre y el Hijo en la creación, la encarnación y la redención. Inspiró a los autores de las Escrituras. Infundió poder a la vida de Cristo. Atrae y convence a los seres humanos; y a los que responden, renueva y transforma a la imagen de Dios. Enviado por el Padre y el Hijo está siempre con sus hijos, distribuye dones espirituales a la iglesia, la capacita para dar testimonio en favor de Cristo, y en armonía con las Escrituras la conduce a toda verdad (Génesis 1:1-2; Lucas 1:35; 4:18; Hechos 10:38; 2 Pedro 1:21; 2 Corintios 3:18; Efesios 4:11-12; Hechos 1:8; Juan 14:16-18, 26; 15:26-27; 16:7-13).

II. LA DOCTRINA DEL HOMBRE
6. La creación.

Dios es el Creador de todas las cosas, y ha revelado por medio de las Escrituras un registro auténtico de su actividad creadora. El Señor hizo en seis días "los cielos y la tierra" y todo ser viviente que la habita, y reposó el séptimo día de la primera semana. De ese modo estableció el sábado como un monumento perpetuo de la finalización de su obra creadora. El primer hombre y la primera mujer fueron hechos a imagen de Dios como una corona de la creación; se les dio dominio sobre el mundo y la responsabilidad de cuidar de él. Cuando el mundo quedó terminado era "bueno en gran manera", porque declaraba la gloria de Dios (Génesis 1:2; Éxodo 20:8-11; Salmos 19:1-6; 33:6, 9; 104; Hebreos 11:3).

7. La naturaleza del hombre.

El hombre y la mujer fueron hechos a imagen de Dios, con individualidad propia y con la facultad y la libertad de pensar y obrar por su cuenta. Aunque fueron creados como seres libres, cada uno es una unidad indivisible de cuerpo, mente y espíritu que depende de Dios para la vida, el aliento y todo lo demás. Cuando nuestros primeros padres desobedecieron a Dios, negaron su dependencia de él y cayeron de la elevada posición que ocupaban bajo el gobierno de Dios. La imagen de Dios se desfiguró en ellos y quedaron sujetos a la muerte. Sus descendientes participan de esta naturaleza degradada y de sus consecuencias. Nacen con debilidades y tendencias hacia el mal. Pero

Dios, en Cristo, reconcilió al mundo consigo mismo, y por medio de su Espíritu restaura en los mortales penitentes la imagen de su Hacedor. Creados para gloria de Dios, se los invita a amar al Señor y a amarse mutuamente, y a cuidar el ambiente que los rodea (Génesis 1:26-28; 2:7; Salmos 8:4-8; Hechos 17:24-28; Génesis 3; Salmos 51:5; Romanos 5:12-17; 2 Corintios 5:19-20; Salmos 51:10; 1 Juan 4:7-8, 11, 20; Génesis 2:15).

III. LA DOCTRINA DE LA SALVACION
8. El gran conflicto.

La humanidad entera se encuentra envuelta en un conflicto de proporciones extraordinarias entre Cristo y Satanás en torno al carácter de Dios, su ley y su soberanía sobre el universo. Este conflicto se originó en el cielo cuando un ser creado, dotado de libre albedrío, se exaltó a sí mismo y se convirtió en Satanás, el adversario de Dios, e instigó a rebelarse a una porción de las Ángeles. Él introdujo el espíritu de rebelión en este mundo cuando indujo a pecar a Adán y a Eva. El pecado produjo como resultado la distorsión de la imagen de Dios en la humanidad, el trastorno del mundo creado y posteriormente su completa devastación en ocasión del diluvio universal. Observado por toda la creación, este mundo se convirtió en el campo de batalla del conflicto universal, a cuyo término el Dios de amor quedará finalmente vindicado. Para ayudar a su pueblo en este conflicto, Cristo envía al Espíritu Santo y a los ángeles leales para que lo guíen, lo protejan y lo sustenten en el camino de la salvación (Apocalipsis 12:4-9; Isaías 14:12-14; Ezequiel 28:12-18; Génesis 3; Romanos 1:19-32; 5:12-21; 8:19-22; Génesis 6-8; 2 Pedro 3:6; 1 Corintios 4:9; Hebreos 1:14).

9. La vida, muerte y resurrección de Cristo.

Mediante la vida de Cristo, de perfecta obediencia a la voluntad de Dios, sus sufrimientos, su muerte y su resurrección, Dios proveyó el único medio válido para expiar el pecado de la humanidad, de manera que los que por fe acepten esta expiación puedan tener acceso a la vida eterna, y toda la creación pueda comprender mejor el infinito y santo amor del Creador. Esta expiación perfecta vindica la justicia de la ley de Dios y la benignidad de su carácter, porque condena nuestro pecado y al mismo tiempo hace provisión para nuestro perdón. La muerte de Cristo es vicaria y expiatoria, reconciliadora y transformadora. La resurrección de Cristo proclama el triunfo de Dios sobre las fuerzas del mal, y a los que aceptan la expiación les asegura la victoria final sobre el pecado y la muerte. Declara el señorío de Jesucristo, ante quien se doblará toda rodilla en el cielo y en la tierra (Juan 3:16; Isaías 53; 1 Pedro 2:21-22; 1 Corintios 15:3-4, 20-22; 2 Corintios 5:14-15, 19-21; Romanos 1:4; 3:25; 4:25; 8:3-4; 1 Juan 2:2; 4:10; Gálatas 2:15; Filipenses 2:6-11).

10. La experiencia de la salvación.

Con amor y misericordia infinitos Dios hizo que Cristo, que no conoció pecado, fuera hecho pecado por nosotros, para que nosotros pudiésemos ser hechos justicia de Dios en él. Guiados por el Espíritu Santo sentimos nuestra necesidad, reconocemos nuestra pecaminosidad, nos arrepentimos de nuestras transgresiones, y ejercemos fe en Jesús como Señor y Cristo, como Sustituto y Ejemplo. Esta fe que recibe salvación nos llega por medio del poder divino de la Palabra y es un don de la gracia de Dios. Mediante Cristo somos justificados, adoptados como hijos e hijas de Dios y librados del señorío del pecado. Por medio del Espíritu nacemos de nuevo y somos santificados; el Espíritu renueva nuestras mentes, graba la ley de amor de Dios en nuestros corazones y nos da poder para vivir una vida santa. Al permanecer en él somos participantes de la naturaleza divina y tenemos la seguridad de la salvación ahora y en ocasión del juicio. (2 Corintios 5:17-21; Juan 3:16; Gálatas 1:4; 4:4-7; Tito 3:3-7; Juan 16:8; Gálatas 3:13-14; 1 Pedro 2:21-22; Romanos 10:17; Lucas 17:5; Marcos 9:23-24; Efesios 2:5-10; Romanos 3:21-26: Colosenses 1:13-14; Romanos 8:14-17; Gálatas 3:26; Juan 3:3-8; 1 Pedro 1:23; Romanos 12:2; Hebreos 8:7-12; Ezequiel 36:25-27; 2 Pedro 1:3-4; Romanos 8:1-4; 5:6-10)

IV. LA DOCTRINA DE LA IGLESIA
11. Crecimiento en Cristo.

Nueva creencia fundamental aprobada el 4 de julio de 2005, en la 58ª Asamblea de la Asociación General de los Adventistas del Séptimo Día.

Por su muerte en la cruz Jesús triunfó sobre las fuerzas del mal. El subyugó los espíritus de demonios durante Su ministerio terrestre y quebró su poder y tornó cierto su destino final. La victoria de Jesús nos da victoria sobre las fuerzas del mal que continúan procurando controlarnos, mientras caminamos con El en paz, alegría, y con la certeza de Su amor. Ahora el Espíritu Santo vive con nosotros y nos da poder. Continuamente comprometidos con Jesús como nuestro Salvador y Señor, somos libres del fardo de nuestros hechos pasados. No más viviremos en la oscuridad, con miedo de los poderes del mal, ignorancia, y la falta de sentido de nuestro antiguo modo de vida. En esa nueva libertad en Jesús, somos llamados a creces en semejanza a Su carácter, comulgando con El diariamente en oración, alimentándonos de Su Palabra, meditando en eso y en Su providencia, cantando sus alabanzas, reuniéndonos juntos en adoración, y participando en la misión de la Iglesia. A medida que nos entreguemos al servicio de amor a aquellos a nuestro alrededor y al testimonio de Su salvación, Su constante presencia con nosotros a través del Espíritu transforma cada momento y toda tarea en una experiencia espiritual (Salmos 1:1, 2; 23:4; 77:11, 12; Colosenses 1:13, 14; 2:6, 14, 15; San Lucas 10:17-20; Efesios 5:19, 20; 6:12-18; I Tesalonicenses 5:23; II San Pedro 2:9; 3:18; II Corintios 3:17, 18; Filipenses. 3:7-14; I Tesalonicenses 5:16-18; San Mateo 20:25-28; San Juan 20:21; Gálatas 5:22-25; Romanos 8:38, 39; I San Juan 4:4; Hebreos 10:25).

12. La iglesia.

La iglesia es la comunidad de creyentes que confiesa que Jesucristo es Señor y Salvador. Como continuadores del pueblo de Dios del Antiguo Testamento, se nos invita a salir del mundo; y nos reunimos para adorar y estar en comunión unos con otros, para recibir instrucción el la Palabra, celebrar la Cena del Señor, para servir a toda la humanidad y proclamar el evangelio en todo el mundo. La iglesia deriva su autoridad de Cristo, que es el Verbo encarnado, y de las Escrituras que son la Palabra escrita. La iglesia es la familia de Dios: somos adoptados por él como hijos y vivimos sobre la base del nuevo pacto. La iglesia es el cuerpo de Cristo, una comunidad de fe de la cual Cristo mismo es la cabeza. La iglesia es la esposa por la cual Cristo murió para poder santificarla y purificarla. Cuando regrese en triunfo, se la presentará como una iglesia gloriosa, es a saber, los fieles de todas las edades, adquiridos por su sangre, sin mancha ni arruga, santos e inmaculados (Génesis 12:3; Hechos 7:38; Efesios 4:11-15; 3:8-11; Mateo 28:19-20; 16:13-20; 18:18; Efesios 2:19-22; 1:22-23; 5:23-27; Colosenses 1:17-18).

13. El remanente y su misión.

La iglesia universal está compuesta por todos los que creen verdaderamente en Cristo, pero en los últimos días, una época de apostasía generalizada, se ha llamado a un remanente para que guarde los mandamientos de Dios y la fe de Jesús. Este remanente anuncia la hora del juicio, proclama la salvación por medio de Cristo y anuncia la proximidad de su segunda venida. Esta proclamación está simbolizada por los tres ángeles de Apocalipsis 14; coincide con la hora del juicio en el cielo y da como resultado una obra de arrepentimiento y reforma en la tierra. Todo creyente recibe la invitación a participar personalmente en este testimonio mundial (Apocalipsis 12:17; 14:6-12; 18:1-4; 2 Corintios 5:10; Judas 3, 14; 1 Pedro 1:16-19; 2 Pedro 3:10-14; Apocalipsis 21:1-14).

14. La unidad del cuerpo de Cristo.

La iglesia es un cuerpo constituido por muchos miembros que proceden de toda nación, raza, lengua y pueblo. En Cristo somos una nueva creación; las diferencias de raza, cultura, educación y nacionalidad, entre encumbrados y humildes, ricos y pobres, hombres y mujeres, no debemos causar divisiones entre nosotros. Todas somos iguales en Cristo, quien por un mismo Espíritu nos ha unido en comunión con él y los unos con los otros. Debemos servir y ser servidos sin parcialidad ni reservas. Por medio de la revelación de Jesucristo en las Escrituras participamos de la misma fe y la misma esperanza, y salimos para dar a todos el mismo testimonio. Esta unidad tiene sus orígenes en la unicidad del Dios trino, que nos ha adoptado como sus hijos (Romanos 12:4-5; 1 Corintios 12:12-

14; Mateo 28:19-20; Salmos 133:1: 2 Corintios 5:16-17; Hechos 17:26-27; Gálatas 3:27, 29; Colosenses 3:10-15; Efesios 4:14-16; 4:1-6; Juan 17:20-23).

15. El bautismo.

Por medio del bautismo confesamos nuestra fe en la muerte y resurrección de Jesucristo, y damos testimonio de nuestra muerte al pecado y de nuestro propósito de andar en novedad de vida. De este modo reconocemos a Cristo como nuestro Señor y Salvador, llegamos a ser su pueblo y somos recibidos como miembros de su iglesia. El bautismo es un símbolo de nuestra unión con Cristo, del perdón de nuestros pecados y de nuestra recepción del Espíritu Santo. Se realiza por inmersión en agua, y está íntimamente vinculado con una afirmación de fe en Jesús y con evidencias de arrepentimiento del pecado. Sigue a la instrucción en las Sagradas Escrituras y a la aceptación de sus enseñanzas (Romanos 6:1-6; Colosenses 2:12-13; Hechos 16:30-33; 22:16; 2:38; Mateo 28:19-20).

16. La Cena del Señor.

La Cena del Señor es una participación en los emblemas del cuerpo y la sangre de Jesús como expresión de fe en él, nuestro Señor y Salvador. En esta experiencia de comunión Cristo está presente para encontrarse con su pueblo y fortalecerlo. Al participar en ella, proclamamos gozosamente la muerte del Señor hasta que venga. La preparación para la Cena incluye un examen de conciencia, arrepentimiento y confesión. El Maestro ordenó el servicio de lavamiento de los pies para manifestar una renovada purificación, expresar disposición a servirnos mutuamente y con humildad cristiana, y unir nuestros corazones en amor. Todos los creyentes cristianos pueden participar del servicio de comunión (1 Corintios 10:16-17; 11:23-30; Mateo 26:17-30; Apocalipsis 3:20; Juan 6:48-63; 13:1-17).

17. Los dones y ministerios espirituales.

Dios concede a todos los miembros de su iglesia en todas las edades dones espirituales para que cada uno las emplee en amante ministerio por el bien común de la iglesia y la humanidad. Concedidos mediante la operación del Espíritu Santo, quien los distribuye entre cada miembro según su voluntad, los dones proveen todos los ministerios y habilidades necesarios para que la iglesia cumpla su función divinamente ordenada. De acuerdo con las Escrituras estos dones incluyen ministerios tales como fe, sanidad, profecía, predicación, enseñanza, administración, reconciliación, compasión y servicio abnegado y caridad para ayudar y animar a nuestros semejantes. Algunos miembros son llamados por Dios y dotados por el Espíritu para cumplir funciones reconocidas por la iglesia en los ministerios pastoral, de evangelización, apostólico y de enseñanza, particularmente necesarios a fin de equipar a los miembros para el servicio, edificar a la iglesia de modo que alcance madurez espiritual, y promover la unidad de la fe y el conocimiento de Dios. Cuando los miembros emplean estos dones espirituales como fieles mayordomos de las numerosas gracias de Dios, la iglesia es protegida de la influencia destructora de las falsas doctrinas, crece gracias a un desarrollo que procede de Dios, y es edificada en la fe y el amor (Romanos 12:4-8; 1 Corintios 12:9-11, 27-28; Efesios 4:8, 11-16; Hechos 6:1-7; 1 Timoteo 3:1-13; 1 Pedro 4:10-11).

18. El don de profecía.

Uno de los dones del Espíritu Santo es el de profecía. Este don es una de las características distintivas de la iglesia remanente y se manifestó en el ministerio de Elena G. de White. Como mensajera del Señor, sus escritos son una permanente y autorizada fuente de verdad, y proveen consuelo, dirección, instrucción y corrección a la iglesia. También establecen con claridad que la Biblia es la norma por la cual deben ser evaluadas toda enseñanza y toda experiencia. (Joel 2:28-29; Hechos 2:14-21; Hebreos 1:1-3; Apocalipsis 12:17; 19:10)

V. LA DOCTRINA DE LA VIDA CRISTIANA
19. La ley de Dios.

Los grandes principios de la ley de Dios están incorporados en los Diez Mandamientos y ejemplificados en la vida de Cristo. Expresan el amor, la voluntad y el propósito de Dios con respecto a la conducta y las relaciones humanas, y están en vigencia para todos los seres humanos de todas las épocas. Esos preceptos constituyen la base del pacto de Dios con su pueblo y la norma del juicio divino. Por medio de la obra del Espíritu Santo señalan el pecado y avivan la necesidad de un Salvador. La salvación es sólo por gracia y no por obras, pero su fruto es la obediencia a los mandamientos. Esta obediencia desarrolla el carácter cristiano y da como resultado una sensación de bienestar. Es una evidencia de nuestro amor al Señor y preocupación por nuestros semejantes. La obediencia por fe demuestra el poder de Cristo para transformar vidas y por lo tanto fortalece el testimonio cristiano (Éxodo 20:1-17; Salmos 40:7-8; Mateo 22:36-40; Deuteronomio 28:1-14; Mateo 5:17-20; Hebreos 8:8-10; Juan 15:7-10; Efesios 2:8-10; 1 Juan 5:3; Romanos 8:3-4; Salmos 19:7-14).

20. El sábado.

El benéfico Creador descansó el séptimo día después de los seis días de la creación, e instituyó el sábado para todos los hombres como un monumento de su obra creadora. El cuarto mandamiento de la inmutable ley de Dios requiere la observancia del séptimo día como día de reposo, adoración y ministerio, en armonía con las enseñanzas y la práctica de Jesús, el Señor del sábado. El sábado es un día de agradable comunión con Dios y con nuestros hermanos. Es un símbolo de nuestra redención en Cristo, una señal de santificación, una demostración de nuestra lealtad y una anticipación de nuestro futuro eterno en el reino de Dios. El sábado es la señal perpetua de Dios del pacto eterno entre él y su pueblo. La gozosa observancia de este tiempo sagrado de tarde a tarde, de puesta de sol a puesta de sol, es una celebración de la obra creadora y redentora de Dios (Génesis 2:1-3; Éxodo 20:8-11; Lucas 4:16; Isaías 56:5-6; 58:13-14; Mateo 12:1-12; Éxodo 31:13-17; Ezequiel 20:12, 20; Hebreos 4:1-11; Deuteronomio 5:12-15; Levíticos 23:32; Marcos 1:32).

21. La mayordomía.

Somos mayordomos de Dios, a quienes él ha confiado tiempo y oportunidades, capacidades y posesiones, y las bendiciones de la tierra y sus recursos. Somos responsables ante él por su empleo adecuado. Reconocemos que Dios es dueño de todo mediante nuestro fiel servicio a él y a nuestros semejantes, y mediante la devolución de los diezmos y las ofrendas para la proclamación de su evangelio y para el sostén y desarrollo de su iglesia. La mayordomía es un privilegio que Dios nos ha concedido para que crezcamos en amor y para que logremos la victoria sobre el egoísmo y la codicia. El mayordomo fiel se regocija por las bendiciones que reciben los demás como fruto de su fidelidad (Génesis 1:26-28; 2:15; 1 Crónicas 29:14; Hageo 1:3-11; Malaquías 3:8-12; 1 Corintios 9:9-14; Mateo 23:23; 2 Corintios 8:1-15; Romanos 15:26-27).

22. Conducta cristiana.

Se nos invita a ser gente piadosa que piense, sienta y actúe en armonía con los principios del cielo. Para que el Espíritu vuelva a crear en nosotros el carácter de nuestro Señor, participamos solamente de lo que produce pureza, salud y gozo cristiano en nuestra vida. Esto significa que nuestras recreaciones y entretenimientos estarán en armonía con las más elevadas normas de gusto y belleza cristianos. Si bien reconocemos las diferencias culturales, nuestra vestimenta debiera ser sencilla, modesta y pulcra como corresponde a aquellos cuya verdadera belleza no consiste en el adorno exterior, sino en el inmarcesible ornamento de un espíritu apacible y tranquilo. Significa también que puesto que nuestros cuerpos son el templo del Espíritu Santo, debemos cuidarlos inteligentemente. Junto con la práctica adecuada del ejercicio y el descanso, debemos adoptar un régimen alimentario lo más saludable posible, y abstenernos de alimentos impuros identificados como tales en las Escrituras. Puesto que las bebidas alcohólicas, el tabaco, y el empleo irresponsable de drogas y narcóticos son dañinos para nuestros cuerpos, también nos abstendremos de ellos. En cambio, nos dedicaremos a todo lo que ponga nuestros pensamientos y cuerpos en armonía con la disciplina de Cristo, quien quiere que gocemos de salud, de alegría y de todo lo bueno (Romanos

12:1-2; 1 Juan 2:6; Efesios 5:1-21; Filipenses 4:8; 2 Corintios 10:5; 6:14 – 7:1; 1 Pedro 3:1-4; 1 Corintios 6:19-20; 10:31; Levíticos 11:1-47; 3 Juan 2).

23. El matrimonio y la familia.

El matrimonio fue establecido por Dios en el Edén y confirmado por Jesús, para que fuera una unión por toda la vida entre un hombre y una mujer en amante compañerismo. Para el cristiano el matrimonio es un compromiso a la vez con Dios y con su cónyuge, y este paso debieran darlo sólo personas que participan de la misma fe. El amor mutuo, el honor, el respeto y la responsabilidad, son la trama y la urdimbre de esta relación, que debiera reflejar el amor, la santidad, la intimidad y la perdurabilidad de la relación que existen entre Cristo y su iglesia. Con respecto al divorcio, Jesús enseñó que la persona que se divorcia, a menos que sea por causa de fornicación y se casa con otra, comete adulterio. Aunque algunas relaciones familiares estén lejos de ser ideales, los socios en la relación matrimonial que se consagran plenamente el uno al otro en Cristo pueden lograr una amorosa unidad gracias a la dirección del Espíritu y al amante cuidado de la Iglesia. Dios bendice la familia y es su propósito que sus miembros se ayuden mutuamente hasta alcanzar la plena madurez. Los padres deben criar a sus hijos para que amen y obedezcan al Señor. Mediante el precepto y el ejemplo debieran enseñarles que Cristo disciplina amorosamente, que siempre es tierno y que se preocupa por sus criaturas, y que quiere que lleguen a ser miembros de su cuerpo, la familia de Dios. Una creciente intimidad familiar es uno de los rasgos característicos del último mensaje evangélico. (Génesis 2:18-25; Mateo 19:3-9; Juan 2:1-11; 2 Corintios 6:14; Efesios 5:21-33; Mateo 5:31-32; Marcos 10:11-12; Lucas 16:18; 1 Corintios 7:10-11; Éxodo 20:12; Efesios 6:1-4; Deuteronomio 6:5-9; Proverbios 22:6; Malaquías 4:5, 6).

VI. LA DOCTRINA DE LOS EVENTOS FINALES
24. El ministerio de Cristo en el santuario celestial.

Hay un santuario en el cielo, el verdadero tabernáculo que el Señor erigió y no el hombre. En él Cristo ministra en nuestro favor, para poner a disposición de los creyentes los beneficios de su sacrificio expiatorio ofrecido una vez y para siempre en la cruz. Llegó a ser nuestro gran Sumo Sacerdote y comenzó su ministerio intercesor en ocasión de su ascensión. En 1844, al concluir el período profético de los 2.300 días, entró en la segunda y última fase de su ministerio expiatorio. Esta obra es un juicio investigador que forma parte de la eliminación definitiva del pecado, tipificada por la purificación del antiguo santuario hebreo en el día de la expiación. En el servicio simbólico el santuario se purificaba mediante la sangre de los sacrificios de animales, pero las cosas celestiales se purificaban mediante el perfecto sacrificio de la sangre de Jesús. El juicio investigador pone de manifiesto frente a las inteligencias celestiales quiénes de entre los muertos duermen en Cristo y por lo tanto se los considerará dignos, en él, de participar de la primera resurrección. También aclara quiénes entre los vivientes están morando en Cristo, guardando los mandamientos de Dios y la fe de Jesús, y en éI, por lo tanto estarán listos para ser trasladados a su reino eterno. Este juicio vindica la justicia de Dios al salvar a los que creen en Jesús. Declara que los que permanecieron leales a Dios recibirán el reino. La conclusión de este ministerio de Cristo señalará el fin del tiempo de prueba otorgado a los seres humanos antes de su segunda venida (Hebreos 8:1-5; 4:1416; 9:11-28; 10:19-22; 1:3; 2:16, 17; Daniel 7:9-27; 8:13-14; 9:24-27; Números 14:34; Ezequiel 4:6; Levíticos 16; Apocalipsis 14:6-7; 20:12: 14:12; 22:12).

25. La segunda venida de Cristo.

La segunda venida de Cristo es la bienaventurada esperanza de la iglesia, la gran culminación del evangelio. La venida del Salvador será literal, personal, visible y de alcance mundial. Cuando regrese, los justos muertos resucitarán y junto con los justos vivos serán glorificados y llevados al cielo, pero los impíos morirán. El hecho de que la mayor parte de las profecías esté alcanzando su pleno cumplimiento, unido a las actuales condiciones del mundo, nos indica que la venida de Cristo es inminente. El momento cuando ocurrirá este acontecimiento no ha sido revelado, y por lo tanto se nos exhorta a estar preparados en todo tiempo (Tito 2:13; Hebreos 9:28; Juan 14:1-3; Hechos 1:9-11; Mateo 24:14;

Apocalipsis 1:7; Mateo 24:43-44; 1 Tesalonicenses 4:13-18; 1 Corintios 15:51-54; 2 Tesalonicenses 1:7-10; 2:8; Apocalipsis 14:14-20; 19:11-21; Mateo 24; Marcos 13; Lucas 21; 2 Timoteo 3:1-5; 1 Tesalonicenses 5:1-6).

26. La muerte y la resurrección.

La paga del pecado es muerte. Pero Dios, el único que es inmortal, otorgará vida eterna a sus redimidos. Hasta ese día, la muerte constituye un estado de inconsciencia para todos los que hayan fallecido. Cuando Cristo, que es nuestra vida, aparezca, los justos resucitados y los justos vivos serán glorificados y todos juntos serán arrebatados para salir al encuentro de su Señor. La segunda resurrección, la resurrección de los impíos, ocurrirá mil años después (Romanos 6:23; 1 Timoteo 6:15-16; Eclesiastés 9:5-6; Salmos 146:3-4; Juan 11:11-14; Colosenses 3:4; 1 Corintios 15:51-54; 1 Tesalonicenses 4:13-17; Juan 5:28-29; Apocalipsis 20:1-10).

27. El milenio y el fin del pecado.

El milenio es el reino de mil años de Cristo con sus santos en el cielo que se extiende entre la primera y la segunda resurrección. Durante ese tiempo serán juzgados los impíos; la tierra estará completamente desolada, sin habitantes humanos, pero sí ocupada por Satanás y sus ángeles. Al terminar ese período Cristo y sus santos, junto con la Santa Ciudad, descenderán del cielo a la tierra. Los impíos muertos resucitarán entonces, y junto con Satanás y sus ángeles rodearán la ciudad; pero el fuego de Dios los consumirá y purificará la tierra. De ese modo el universo será librado del pecado y de los pecadores para siempre (Apocalipsis 20; 1 Corintios 6:2-3; Jeremías 4:23-26; Apoc. 21:1-5; Malaquías 4:1; Ezequiel 28:18-19).

28. La tierra nueva.

En la tierra nueva, donde morarán los justos, Dios proporcionará un hogar eterno para los redimidos y un ambiente perfecto para la vida, el amor y el gozo sin fin, y para aprender junto a su presencia. Porque allí Dios mismo morará con su pueblo, y el sufrimiento y la muerte terminarán para siempre. El gran conflicto habrá terminado y el pecado no existirá más. Todas las cosas, animadas e inanimadas, declararán que Dios es amor, y él reinará para siempre jamás. Amén (2 Pedro 3:13; Isaías 35; 65:17-25; Mateo 5:5; Apocalipsis 21:1-7; 22:1-5; 11:15

Made in the USA
Middletown, DE
17 January 2022

58800453R00109